LA CRISE PERMANENTE

Professeur **Marc Chesney**

LA CRISE PERMANENTE

L'oligarchie financière et l'échec de la démocratie

EPFL PRESS

Maquette et mise en page : Kim Nanette
Illustration de couverture : Mopic, © shutterstock

Première édition, 2015
Deuxième édition, 2018
Troisième édition, 2020

ISBN 978-2-88915-363-3
ISBN (PDF) 978-2-88914-480-8
ISBN (ePub) 978-2-88914-481-5

Imprimé en France

À ma famille, à tous les miens.
À la mémoire de mes parents.

Table des matières

Avant-propos

Juillet 2020. Alors que la rédaction de l'avant-propos de cette troisième édition touche à sa fin, l'actualité reste majoritairement occupée par l'apparition de la Covid-19 et ses conséquences, qui affectent l'ensemble de la planète. Force est de constater qu'il s'agit d'événements majeurs, d'ordre non seulement sanitaire mais aussi social, économique et politique. Cette pandémie, de par son ampleur et la rapidité de sa propagation, marquera fort probablement notre époque d'un sceau indélébile. Ses origines et incidences s'inscrivant pleinement dans la perspective de *crise permanente* décrite dans ce livre, un court avant-propos dédié aux évènements que nous venons de traverser s'impose.

Plus généralement, il s'agira par la suite d'analyser un contexte global éminemment instable et propice aux catastrophes de toute nature.

La littérature donne souvent des clés pour comprendre les crises et appréhender les drames qui se nouent dans de telles situations. L'œuvre d'Albert Camus ne fait pas exception.

De la peste au coronavirus[1]

La Peste, en particulier, peut se lire comme une métaphore de la peste brune, c'est-à-dire du nazisme qui, en se propageant, sème mort et désolation.

Ce roman est également prophétique, dans la mesure où il anticipe et dépeint l'apparition et la diffusion d'une épidémie. Si la ville d'Oran fut coupée du monde pour contenir la propagation de la peste, ce sont aujourd'hui les individus qui, à l'heure de la globalisation, se sont trouvés confinés tandis que les pays fermaient unes à unes leurs frontières. Le monde s'est isolé... de lui-même. Ce qui était inimaginable encore récemment est devenu réalité. L'économie s'est retrouvée presque à l'arrêt. Notre espace vital s'est considérablement réduit. La marche du temps s'est enrayée, tout juste rythmée par le décompte macabre des morts quotidiens.

Les personnages clés du roman ont alors refait surface, sans que le temps n'ait semblé avoir d'emprise sur eux. Après des dizaines d'années d'assoupissement, les voici, presque oubliés, à peine empoussiérés, émergeant de l'œuvre en se réincarnant, chacun à sa manière : le docteur Rieux, tout d'abord, en un personnel médical engagé et courageux, demeuré en première ligne dans ce combat de tous les instants.

Les représentants de l'administration ensuite, française en l'occurrence, ont été tout aussi présents. Naviguant à vue, ils ont envoyé le personnel soignant au front, sans l'équipement nécessaire, en particulier en termes de masques et de respirateurs.

Les profiteurs, enfin, ceux qui dans *La Peste* prospèrent grâce au marché noir, sont à leur tour revenus, sous d'autres formes. Tandis que des escrocs tentaient de revendre des masques à prix exorbitants, des fonds spéculatifs pariaient en toute légalité sur l'insolvabilité d'entreprises, voire de pays, en amassant ainsi de copieux bénéfices. Tel est toujours le cas, à l'heure même où vous lisez ces lignes.

Selon l'un des protagonistes du roman, « Si… la peste vous regarde, c'est que le moment de réfléchir est venu ». Voici précisément quelques leçons à tirer du coronavirus.

Tout d'abord, la propagation accélérée des pandémies va main dans la main avec la globalisation de l'économie. Il s'agit donc d'analyser de manière critique ce modèle économique présenté comme allant de soi et en réalité imposé. La mondialisation « heureuse » mise en œuvre dans les années 1990 était supposée apporter stabilité et prospérité au plus grand nombre. La crise actuelle met en lumière sa grande fragilité et le leurre que constitue nombre de ses promesses.

Cette pandémie nous a ensuite rappelé de façon cuisante combien la santé est un bien public. Un hôpital n'est pas un centre de profit. Il n'est ni un hôtel ni une entreprise qu'il s'agirait de gérer en flux tendu. La dimension financière doit être considérée comme une contrainte, et non comme un objectif de maximisation.

Autre réalité que la crise a mis en exergue : la logique financière dominante nuit à l'économie et mine la démocratie. Au lieu de dettes, de cynisme et de paris financiers, c'est d'épargne, de confiance et d'investissements dont il devrait s'agir pour l'économie. Alors que le corps médical a fait front avec un courage exemplaire, comment tolérer que des fonds spéculatifs misent sur la détresse actuelle et en profitent pour générer d'indécents profits et accentuer plus encore la crise ? Au-delà de l'interdiction pure et simple de ces paris, de nouvelles normes s'imposent pour s'assurer que le secteur financier respecte tant les besoins que les principes de base d'une société civilisée et se mette à son service.

Que le champagne coule donc à flot, la terre va continuer à saigner !

Enfin, lorsque la nature n'est pas respectée, elle émet des signaux qu'il s'agit de savoir lire et interpréter. Le réchauffement climatique est l'un d'eux. Il est lié aux émissions démesurées de CO_2. L'augmentation de la fréquence des pandémies en est un autre. Elle est un signal du danger que représentent la perte de biodiversité et la déforestation, inhérentes aux dysfonctionnements actuels de l'économie.

Les embouteillages, l'air saturé de CO_2, la vie frénétique, les déplacements incessants en avion... tout cela nous a d'ailleurs tant manqué ! La Covid-19 a mis l'économie K.O. pendant presque trois mois, mais il s'agirait maintenant que la « fête » reprenne, avec son cortège de destruction d'espèces animales à grande échelle (près des deux tiers ont déjà disparu), de pollution et d'inégalités sociales aussi extrêmes qu'insensées. Et si nos bronches venaient à être infectées par des virus à répétition, ou par l'utilisation intensive et irresponsable des énergies fossiles, eh bien qu'à cela ne tienne, il suffirait, d'après l'actuel locataire de la Maison Blanche d'avaler quelques doses d'eau de javel pour réparer ce dégât collatéral. Si le patient zéro est toujours recherché, le Président nul est quant à lui aisément identifiable, même si d'autres (no)minables le talonnent au niveau mondial.

Une croissance économique basée sur la destruction du vivant est un dangereux contre-sens

Arrêtons-nous un instant pour réfléchir. Si nous en sommes arrivés là et si de nombreux spécialistes étudient l'effet de la Covid-19 sur l'économie mondiale, il serait judicieux de comprendre qu'inversement, c'est l'économie dans sa soi-disant normalité, ou plus exactement dans son dysfonctionnement, qui accroît considérablement la fréquence d'apparition des épidémies et permet leur diffusion. La réduction drastique de la biodiversité, mentionnée ci-dessus, est un facteur clé de leur survenance et les accords de libre-échange accélèrent leur transmission d'un pays ou d'un continent à l'autre. Or, ces facteurs ne sont pas uniquement sanitaires. Ils sont aussi d'ordre politique, social et économique. Ainsi, des gouvernements en Amérique du

Sud et ailleurs dans le monde encouragent la déforestation pour promouvoir l'agriculture intensive (avec épandages massifs de pesticides) de soja transgénique de manière à nourrir des animaux, qui après être passés par d'horribles abattoirs, sont censés terminer dans nos assiettes. De quoi s'agit-il exactement ? De puissants intérêts financiers qui vont à l'encontre de notre bien-être et de notre santé. D'une économie malsaine et prédatrice qui doit être fondamentalement repensée, au risque de nous emporter dans sa course folle. D'une économie qui, fièrement et méticuleusement, comptabilise sa production annuelle par le biais du PIB, mais se refuse à considérer ce qu'elle détruit dans le même temps à grande échelle. D'une économie qui s'enorgueillit de pouvoir placer des satellites dans l'espace à la recherche d'eau ou d'embryons de vie sur d'autres planètes mais qui, sur la planète Terre, est incapable de préserver et de promouvoir le vivant comme elle se devrait.

Paradoxalement, il a fallu que la production soit presque à l'arrêt pour que les niveaux de pollution diminuent, que l'on respire mieux et que la nature commence à reprendre ses droits. En temps « normal », environ 9 millions de personnes de par le monde meurent prématurément de maladies pulmonaires liées à la pollution de l'air. C'est dire si l'économie dysfonctionne et si un retour à la « normalité » serait dangereux. Mettre en œuvre une transition vers une économie qui respecte le vivant est précisément l'objectif à atteindre pour tenter d'éviter de nouvelles catastrophes.

Pour cela, ce dont il s'agit maintenant est ni plus ni moins que de mettre à plat le mode de fonctionnement économique actuel afin d'en identifier les caractéristiques mortifères et de les traiter, tout comme le ferait un médecin face à un cancer. C'est ambitieux, mais quels seraient les autres choix ? Fermer pudiquement les yeux ? Laisser aux générations à venir un climat déréglé, un environnement dégradé et propice aux pandémies à répétition ainsi qu'une société déshumanisée et fondée sur un contrôle extrême de la population, au-delà même des fictions décrites dans les romans *Paris au XX*e *siècle* de Jules Verne et *1984* de George Orwell ? Ce serait irresponsable.

Cette crise ne trouvera pas de solution dans une concurrence exacerbée entre individus et une guerre économique de chacun contre tous, mais bien au contraire dans des valeurs devenues étrangères au monde économique telles que la solidarité, le partage et l'empathie.

« Le monde d'après » risque d'accentuer les risques du « monde d'avant » et de lui ressembler, en pire. De grandes banques donnent déjà et fort opportunément de la voix pour que les modestes réglementations péniblement mises en place après la crise de 2008 soient détricotées. Quant aux entreprises particulièrement polluantes, elles plaident pour que les normes environnementales dont elles font l'objet soient allégées. Dans un cas comme dans l'autre, le prétexte est le même : en éliminant les contraintes, l'économie redémarrerait plus rapidement. Il appartiendra donc aux citoyens d'être particulièrement actifs et vigilants afin d'éviter une telle « sortie de crise », laquelle nous mènerait immanquablement vers d'autres catastrophes. Un « retour à l'anormal » est le meilleur moyen de préparer les catastrophes à venir. Pour citer à nouveau Albert Camus, « Le bacille de la peste ne meurt ni ne disparaît jamais ».

Introduction

Avant l'apparition de la Covid-19, le titre de ce livre aurait pu surprendre. Évoquer une « crise permanente » alors que les médias, encore jusqu'à fin 2019, faisaient état d'une reprise de la croissance, semblait paradoxal. Selon les commentateurs autorisés, les « fondamentaux » économiques étaient bons, voire excellents. Pour preuve, des bourses fleurissantes jusqu'à fin 2019. La chute des cours de fin 2018 était souvent présentée comme une « simple correction ».

Étonnamment, aucun média n'avait daigné signaler le caractère artificiel de cette croissance, qui repose principalement sur une hypertrophie du volume de la dette mondiale et que la pandémie va encore accentuer, ou mentionner la déconnexion toujours plus importante entre les performances boursières et celles des entreprises et de l'économie. Les injections permanentes par les banques centrales de montants gigantesques dans le secteur financier ont permis au fleuron bancaire de se maintenir à flot et de conserver les nombreux avantages dont il bénéficie, souvent aux frais de la société et de l'économie.

L'amélioration des statistiques de l'emploi constitue un autre de ces « fondamentaux » encourageants aux yeux des éditorialistes. Que de nombreux chômeurs soient rayés des statistiques, transformés en travailleurs pauvres ou en retraités démunis semble anecdotique. Tout comme l'augmentation de la précarisation du travail et du sous-emploi, alors que le développement des nouvelles technologies et de la digitalisation de l'économie aurait dû produire davantage de temps libre pour chacun. Quant au ruissellement, souvent mis en avant par les médias français, il ne semble plus obéir aux lois de la pesanteur, puisqu'opérant du bas vers le haut, il permet à ceux qui possèdent des fortunes déjà considérables d'en accumuler plus encore.

Le malade, en l'occurrence la société, est mal en point mais l'opération serait en passe de réussir, nous laisse-t-on entendre. C'est en effet sur ce tour de passe-passe présenté comme une thérapie économique performante que reposent ces « fondamentaux » si positifs.

Comme le mouvement des gilets jaunes en témoigne, la réalité est bien différente et c'est à un état des lieux objectif que s'attache ce livre. Il analyse la financiarisation de l'économie et de la société aujourd'hui à l'oeuvre, le rôle des grandes banques et des fonds spéculatifs dans ce processus ainsi que le déclin d'une civilisation qui confond l'être avec l'avoir et le paraître. Il décrit l'état d'esprit des croupiers de la finance et des mercenaires de la guerre financière, dont les pratiques nous touchent toutes et tous au quotidien, dans le monde entier.

Enfin, comment comprendre la situation actuelle, anticiper et forger l'avenir de notre société sans au préalable en analyser l'histoire et celle des guerres et des crises qui l'ont précédée ? En France, l'armée nationale était présentée, avant la Seconde Guerre mondiale, comme la meilleure du monde[2]. Elle a été défaite par la Wehrmacht en mai et juin 1940. Jusqu'à récemment encore, le système de santé français était lui aussi supposément l'un des meilleurs au monde... jusqu'à ce que la Covid-19 n'en révèle les failles béantes.

Remontons plus encore le temps, jusqu'à la Grande Guerre. Avant l'été 1914, l'éclatement d'un conflit armé à l'échelle européenne semblait une menace abstraite, tout au plus une éventualité ; on sait ce qu'il en est advenu. En tissant les parallèles entre la société de 1914 et la nôtre, ce livre expose les faits et analyse les origines de la crise.

Prendre conscience de l'état de la situation et de la nature du problème permet également d'élaborer des solutions. Celles-ci existent et ce livre les identifie, de façon impartiale. Ces réponses ne reposent ni sur une dérégulation et une déification des marchés, ni sur la toute puissance d'un État auquel incomberait le contrôle de l'économie autant que celui des individus, mais uniquement sur des citoyens informés et en charge de leur destin.

1 Hier et aujourd'hui

Au soir du samedi 1er août 1914, les familles françaises et allemandes se préparent au déchirement de la séparation. Les ordres de mobilisation générale ont été affichés, et dans les villes et les villages, les cloches des églises retentissent longuement. Elles portent la nouvelle tant redoutée de l'entrée en guerre, se faisant déjà l'écho des peurs et des souffrances à venir. Le lendemain, la gare de l'Est est bondée de militaires, accompagnés de leurs familles. Il en est de même à la gare Anhalter, à Berlin. Au nom du salut de la civilisation, s'affairent ici et là les acteurs et les victimes à venir de son naufrage.

Samedi 1er août 2020, les familles françaises et allemandes se préparent aux vacances et veulent poursuivre leur déconfinement. Aux premières heures du lendemain, les touristes en partance s'affairent, prêts à embarquer en TGV ou en ICE depuis la gare de Lyon ou la gare centrale de Berlin, tandis que l'autoroute du Soleil s'encombre déjà de ses habituels embouteillages. C'est désormais vers le sud et ses plages que l'on se déplace, plutôt que vers le front, plus d'un siècle auparavant. Plus question de salut national, mais de pause salutaire, sur fond d'instabilité financière prolongée et d'espoir de tourner la page de la Covid-19. Les charniers de la Première Guerre mondiale se sont estompés des mémoires, le monumental tableau de la gare de l'Est à Paris peinant désormais à en rappeler les échos. Le travail de sape du temps est à l'œuvre. 1914 est devenue un vague souvenir d'école, une date dont on ne perçoit plus guère l'actualité, ni l'empreinte pourtant profonde que ses conséquences exercent aujourd'hui encore sur nos vies.

Le naufrage de la civilisation au nom de son salut

Un siècle s'est écoulé depuis le sacrifice de la jeunesse européenne dans les charniers de la Grande Guerre. Cent ans. Tout juste quelques générations. Avec ses universités, ses théâtres, sa littérature, son parlement, ses grandes entreprises ou ses banques, notre société a conservé nombre de ses attributs d'antan, ceux d'un Occident fier de ses réalisations économiques, sociales, scientifiques et démocratiques.

Si Internet n'était bien entendu pas même alors une idée, radio et médias diffusaient déjà l'information à grande échelle. Les vols commerciaux n'existaient pas, mais les trains et les voitures réduisaient considérablement les distances, accélérant d'autant les déplacements et les transactions. Et c'est au sein d'une telle société, instruite et civilisée, que deux pays, la France et l'Allemagne, à l'apogée de leur rayonnement, vont se livrer une guerre d'une ampleur sans précédent. L'assassinat de l'archiduc François-Ferdinand à Sarajevo en juin 1914 embrase le continent et le précipite dans l'engrenage de la destruction, du sacrifice et de la ruine matérielle et morale. La manipulation massive des foules réveille la barbarie, au nom de la sauvegarde démocratique ou du salut national. « Jamais l'humanité n'a connu un pareil envoûtement, un pareil aveuglement de l'intelligence ! »[3] écrit Martin du Gard. Un naufrage dont témoigne également un soldat allemand dans *À l'Ouest rien de nouveau* : « Nous sommes consumés par les faits, nous savons distinguer les nuances, comme des marchands, et reconnaître les nécessités, comme des bouchers. [...] Nous sommes d'une indifférence terrible. [...] Nous sommes grossiers, tristes et superficiels : je crois que nous sommes perdus. »[4]

Perdus, les soldats des tranchées l'étaient assurément. Mais l'indifférence, la grossièreté, la tristesse et la superficialité des mercenaires de la finance ne sont-elles pas aujourd'hui l'exact miroir de celles des jeunesses consumées par les combats d'autrefois ? Le front a changé de nature, mais il n'est pour autant pas si dissemblable.

Le trader, mercenaire du 21e siècle

Le 23 mars 2012, deux traders de la banque JPMorgan, à Londres, dialoguent par SMS :
– salut
– salut
– c la mort

- david de CS appelle au sujet des *skew trades* (...)
- je te dis, ils vont nous défoncer (...), c soir tu as au moins 600 m

De quoi est-il question dans cet échange trivial et angoissé ? Non de millions de morts, comme dans les tranchées de l'Est, mais de millions de dollars. 600, très exactement, rayés des actifs en quelques secondes. Une perte record, dont on apprendra bientôt qu'elle avoisine en réalité les 6 milliards. Les *skew trades* sont des paris financiers à base de produits dérivés complexes. Leur consonance n'est pas dénuée de sens : ce sont bien des armes de destruction massive. Ce jour de mars 2012, dans la salle de trading de JPMorgan, Bruno Iksil – surnommé la « baleine de Londres » en raison de la démesure de ses paris financiers – et son assistant Julien Grout comprennent qu'ils sont en train de perdre. Et beaucoup. En 2011, Iksil avait parié avec succès sur la faillite de plusieurs entreprises américaines et généré ainsi des gains de près de 400 millions de dollars pour JPMorgan, dont 32 sous forme d'émoluments rien que pour lui et deux de ses supérieurs hiérarchiques. Mais cette fois, rien n'a fonctionné comme prévu et l'échec est total.

Cet état d'esprit et ces agissements ne sont pas une exception. Ils sont même largement répandus dans le milieu des banques d'investissements. Fabrice Tourre en est un autre exemple. Les emails de ce centralien recruté à 22 ans par Goldman Sachs ont été utilisés par la *Securities and Exchange Commission (SEC)* dans le cadre de l'enquête suspectant l'établissement bancaire de s'être enrichi en incitant ses clients à acquérir des titres de créance adossés à des crédits hypothécaires douteux, alors que dans le même temps, Goldman Sachs misait à l'insu de ses clients sur la chute de ces titres. Dans l'un de ses messages, Fabrice Tourre écrit :

> De plus en plus d'effet de levier dans le système. L'édifice tout entier peut s'effondrer à chaque instant. [...] Quand je pense que c'est un peu moi qui ai participé à la création de ce produit [...], le genre de truc que tu inventes en te disant : et si on créait un machin qui ne sert absolument à rien, qui est complètement conceptuel et hautement théorique et que personne ne sait *pricer* [évaluer], ça fait mal au cœur de voir que ça implose en vol. C'est un peu comme Frankenstein qui se retourne contre son inventeur[5].

Jérôme Kerviel aurait, quant à lui, fait perdre 4,9 milliards d'euros à la Société Générale en 2007 ; il a depuis été condamné par la justice, alors que curieusement son employeur a été épargné. Kerviel écrit :

> Dans une salle de marchés, le *modus operandi* idéal tient en une phrase : savoir prendre le maximum de risques pour faire gagner à la banque le maximum d'argent. Au nom d'une telle règle, les principes les plus élémentaires de prudence ne pèsent pas lourd. Au sein de la grande orgie bancaire, les traders ont donc juste droit à la même considération que

> n'importe quelle prostituée de base : la reconnaissance rapide si la recette du jour a été bonne[6].

Sam Polk, un ex-trader pour un fonds spéculatif, révèle quant à lui une autre spécificité de la salle de marché : l'argent comme drogue dure. Il écrit :

> Durant ma dernière année à Wall-Street, mon bonus était de 3,6 millions de dollars et j'étais furieux car ce n'était pas assez. J'avais 30 ans, pas d'enfants, pas de dettes à rembourser, pas d'objectifs philanthropiques à l'esprit. Je voulais plus d'argent pour exactement le même motif qu'un alcoolique a besoin d'un autre verre. J'étais intoxiqué. (...) Non seulement je n'aidais pas à trouver des solutions aux problèmes du monde, mais j'en profitais[7].

Ces quelques exemples témoignent de la vénalité, de la vacuité morale et de l'absence de valeurs au sein de la sphère financière. Le cynisme brut de jeunes gens désabusés et obsédés par l'argent, fraîchement diplômés des meilleures écoles, est non seulement toléré, mais plus encore, encouragé. Ces institutions, toujours promptes à s'enorgueillir de former l'élite de notre société, n'accordent au fond que peu d'intérêt à l'utilité sociale et à l'intégrité morale de leurs jeunes diplômés. Le recrutement à grande échelle de traders sans états d'âme participe activement de la guerre financière actuelle, où les paris financiers sont devenus des armes[8] capables d'ébranler pays et entreprises.

Une guerre sans frontières

La jeunesse européenne ne meurt plus en masse dans les tranchées ; ceux qui disparaissent prématurément le doivent plutôt aux accidents de la route ou aux suicides[9]. Dépression[10], alcoolisme[11] ou surpoids sont devenus les conséquences directes de leur détresse, de leur peur de l'avenir, de la crainte du chômage ou du sentiment permanent d'insécurité économique. Une génération gavée de contenus médiatiques masquant l'essentiel sous le futile, et n'abordant au mieux l'essentiel que de manière futile. Sans clé de compréhension solide pour en saisir les dimensions et les enjeux, l'avenir apparait sombre et inquiétant. Un sous-emploi massif[12] s'est durablement installé, caractérisé par une précarisation croissante et une marginalisation galopante. Être exclu du monde du travail, c'est l'impossibilité de bâtir sa vie et l'absence de tout horizon. La « bataille pour l'emploi » pourrait-elle être une nouvelle « bataille de la Marne » à un siècle d'intervalle ? Probablement pas. Celle de l'emploi s'annonce autrement plus incertaine, la « reprise de la croissance » n'étant en mesure ni de stabiliser l'économie ni de générer massivement les postes de travail durables nécessaires.

La crise financière a généré près de 30 millions de chômeurs supplémentaires dans le monde[13], chiffre au minima, puisqu'excluant tous les invisibles des statistiques officielles. Une tendance renforcée dans un contexte de croissance limitée, où l'augmentation de la productivité tend à produire davantage de chômage que de temps libre.

La crise présente désormais un caractère permanent, et les mesures prises pour y remédier n'ont eu pour effet que de l'alimenter et de la prolonger plus encore. Elle puise ses racines dans la guerre financière aujourd'hui à l'œuvre dans le monde, qui spolie et appauvrit à grande échelle le plus grand nombre. Ce conflit est profondément asymétrique : il est principalement mené par une oligarchie financière qui ne constitue qu'à peine 0,1% de la population dans le monde. Les théâtres des opérations sont multiples et disséminés. En Europe, et plus particulièrement en Grèce, certaines zones urbaines ont été ravagées par la crise. Affrontements entre manifestants et forces de l'ordre, chômage et précarité générale sont les stigmates de la croisade menée de front par la Commission Européenne, la Banque Centrale Européenne (BCE) et le Fonds Monétaire International (FMI).

Mais c'est en Afrique que les conséquences de cette guerre sans frontières sont les plus désastreuses. Les pays du continent paient au prix fort leur position de perdants : ils sont devenus la poubelle du monde développé et de ses déchets industriels. À lui seul, le secteur informatique y transporte chaque année des milliers de tonnes d'épaves. Le Ghana est aujourd'hui devenu une vaste décharge à ciel ouvert[14], où enfants et adolescents dépècent à longueur de journée de vieux ordinateurs pour en extraire les métaux. Exposés aux produits toxiques, leur survie est devenue une lutte quotidienne. Pendant ce temps, la pénurie alimentaire fait rage, provoquée par une spéculation effrénée[15]. Selon la FAO[16], plus de 900 millions de personnes souffraient de malnutrition en 2008. Pourtant, la production céréalière globale cette année-là aurait amplement suffit à subvenir aux besoins de l'ensemble de la population mondiale[17]. 25 000 personnes, dont 8600 enfants, meurent aujourd'hui encore chaque jour des conséquences de la famine[18].

Aux États-Unis, les subventions et les avantages divers dont ont bénéficié les banques[19] et les fonds spéculatifs ont permis à ces derniers de siphonner en masse les ingénieurs, les informaticiens et les juristes qui auraient dû exercer leurs activités dans d'autres secteurs, essentiels à la population. Mais la rénovation des infrastructures, comme les voies ferrées et les aéroports, est secondaire aux yeux d'une minorité décisionnaire disposant d'hélicoptères et de jets privés. Il en va de même dans les secteurs de la santé ou de l'éducation, les établissements publics se dégradant, faute de moyens[20]. La maintenance des ponts, des canalisations et des barrages[21] laisse à désirer. Le secteur financier est à la manœuvre, et ne perd jamais de vue ses intérêts. Entre 1998 et 2008, il a dépensé 1,7 milliards de dollars pour financer les campagnes électorales de ses alliés et 3 autres milliards pour ses activités de lobbying[22]. Selon *Fortune Magazine*[23], *Wall Street* a également dépensé 2 milliards de dollars pour influencer les élections américaines de 2016 (présidentielles, sénatoriales et Chambre des représentants). Ces investissements ont été prudemment repartis puisque les campagnes républicaines et démocrates ont été équitablement arrosées, respectivement à hauteur de 55% et 45%. Les contributions des grandes banques Wells Fargo, Citibank et Goldman Sachs se situent entre

12 à 15 millions de dollars, et 10 millions de dollars pour JPMorgan Chase, Bank of America et Morgan Stanley. Les fonds spéculatifs ne sont pas demeurés inactifs : Renaissance Technology a notamment versé 53 millions de dollars pour ces élections. Selon la *NZZ am Sonntag*[24], l'UBS serait aussi impliquée avec un montant de l'ordre de 1 million de dollars, dont 591750 $ pour les Républicains et 388500 $ pour les Démocrates. Pour *Wall Street*, peu importe au fond qui du candidat démocrate ou républicain aura été élu, tant que celui-ci le soutient dans la guerre qui l'oppose à *Main Street*.

La croissance fulgurante du secteur financier au cours des dernières décennies est devenue un danger pour l'économie et la société. En l'espace d'environ un demi-siècle, de 1950 à 2006, sa taille est passée de 2,8% du PIB des USA à 8,3%[25]. Cette évolution a accentué les déséquilibres économiques et sociaux, pour aboutir en 2008 à une crise dont les convulsions chroniques font aujourd'hui encore vaciller l'ensemble de nos sociétés[26].

Comment nous en sommes arrivés là

De 1814 à 1914, c'est-à-dire entre les guerres napoléoniennes et la Première Guerre mondiale, l'humanité a connu un siècle de développement social, économique, et scientifique sans précédent. Avec leurs 200 millions de morts[27] dus aux guerres et conflits, les 100 années qui ont suivi ont constitué une rupture. Le conflit mondial de 1914 a été suivi de la grande crise de 1929, dont la conséquence directe a été l'émergence ou le renforcement de régimes dictatoriaux en Allemagne, en URSS, en Italie, en Espagne et au Japon. Leur montée en puissance a conduit à la Seconde Guerre mondiale, à la Shoah et aux camps d'extermination. La fin de la guerre a marqué, avec les bombardements américains sur Hiroshima et Nagasaki, l'entrée de l'humanité, ou de ce qu'il en restait, dans l'ère nucléaire et la guerre froide entre les USA et l'URSS. La période de reconstruction, dite des Trente Glorieuses en France ou du miracle économique en Allemagne, a momentanément assuré une bulle de stabilité et de prospérité en Europe occidentale. La guerre du Vietnam et les chocs pétroliers des années 1970 ont constitué un nouveau tournant, suivi des élections de Ronald Reagan et de Margaret Thatcher et la mise en œuvre de politiques économiques néo-libérales[28] qui se sont rapidement étendues à l'ensemble des nations occidentales. La chute du mur de Berlin a ouvert la brèche vers l'est : l'ex-URSS en a adopté les préceptes, tout comme ses ex-pays satellites et la Chine. L'intellectuel américain Francis Fukuyama a alors évoqué la « fin de l'histoire » : le libéralisme, allié à la démocratie, allait donner naissance à un nouveau jardin d'Eden d'équilibre et de paix, une fois ses principes adoptés au niveau international.

La manipulation et le contrôle de l'opinion publique

Notre société, dont l'économie financiarisée est le centre névralgique, est généralement considérée comme le stade ultime, et donc indépassable, du capitalisme. Mais la réalité est bien autre que celle d'un capitalisme nourricier, qui tel une corne d'abondance prodiguerait ses bienfaits, y compris démocratiques, à la terre entière. La situation actuelle fait en réalité écho à celle d'avant 1914, lorsque la civilisation occidentale était encore convaincue de sa suprématie, jusqu'à ce que survienne la Grande Guerre. Car à l'heure où la tension dans la péninsule coréenne fait accroitre considérablement les risques de guerres mondiales, et qu'en raison – ou au prétexte – des événements ukrainiens, une nouvelle guerre froide s'est durablement installée en Europe, le déclin et la chute de la civilisation sont d'ores et déjà amorcés.

Un des signes avant-coureurs du désastre annoncé est l'existence du système de surveillance des communications électroniques et téléphoniques PRISM, dont Edward Snowden a révélé l'existence en 2014[29]. L'existence même de ce programme bafoue les principes les plus fondamentaux. Un état démocratique ne saurait être à l'origine d'un système permettant de lire les communications de ses citoyens, d'épier leurs faits et gestes, ou, demain, si la technologie le permet, de lire dans leurs pensées. Rappelons les termes de l'article 12 de la Déclaration universelle des droits de l'homme : « Nul ne sera l'objet d'immixtions arbitraires dans sa vie privée, sa famille, son domicile ou sa correspondance ». La société dépeinte par Georges Orwell dans *1984* est en passe de devenir réalité. La technologie a rendu possible la matérialisation de nos cauchemars. La démocratie part en lambeaux, sous le coup des contrôles intensifs et à large échelle de la population. L'humanité mérite une autre fin pour sa propre histoire.

La manipulation de l'opinion publique par la peur est tous les jours un peu plus à l'œuvre. Hier, ce sont des monstres financiers présentés comme des champions nationaux qu'il a fallu à tout prix sauver de la faillite au risque d'une catastrophe irréversible. Ceux-là mêmes à l'origine de produits financiers toxiques[30], qui ont profité d'une crise qu'ils ont largement contribué à créer, ont été renfloués avec des fonds publics au nom de la stabilité et de la prospérité économique. Avant-hier, c'était au nom de la civilisation, de la nation, de la démocratie et « pour en finir avec toutes les guerres » qu'il fallait faire la « der des der ». En réalité, les producteurs d'armements, Krupp en Allemagne et Schneider en France, avaient de puissants intérêts à défendre. Le risque de pertes financières colossales pour les banques américaines ayant prêté des fonds à l'Angleterre et à la France a également constitué l'un des facteurs de l'entrée en guerre des États-Unis en 1917.

Aujourd'hui comme hier et avant-hier, tous les sacrifices sont permis, y compris celui de la démocratie pour couvrir les banques contre les risques qu'elles ont pris. Martin du Gard, encore : « Jamais les forces du pouvoir n'ont imposé aux esprits une si totale abdication »[31].

Le pouvoir et les lobbies de l'oligarchie financière

S'il est un domaine dans lequel les principes démocratiques sont aujourd'hui particulièrement bafoués, c'est bien celui de l'économie. Quel que soit le résultat des urnes, une seule politique prévaut : celle de l'oligarchie financière. Cette dernière est à ce point convaincue de la supériorité et de la primauté de ses intérêts sur ceux de l'économie et de la société, présentées par ses lobbies comme une concomitance d'intérêts, qu'elle ne se donne même plus la peine d'en discuter le principe. Mais là n'est pas le pire. Le problème est que la plupart des responsables politiques en sont également convaincus, ou du moins font-ils semblant de l'être.

Cette caste financière détourne de l'économie réelle des montants gigantesques. Ces sommes circulent ensuite dans le monde parallèle de la finance casino, une sphère régie par des principes totalement contraires à la logique de l'entrepreneur dont elle se réclame, où les paris douteux sur les défauts ou faillites d'entreprises, de banques ou de pays prennent le pas sur les opérations financières inhérentes à l'économie. La caractéristique de ces opérations est qu'elles sont réalisées en se défaussant des risques sur le reste de la société. Pour les institutions financières dites « *too big to fail* », c'est-à-dire ayant atteint une taille critique et une certaine densité de connexions au sein du tissu économique et financier, c'est à l'État – et donc au contribuable – d'en assumer les risques et de payer la facture le cas échéant. Cette économie financiarisée fragilise à large échelle le tissu économique et social. Que font les responsables politiques pour remédier à cette situation et lutter contre les dérives d'une finance originellement conçue pour de tout autres objectifs? Ils ne manquent pas une occasion de se réunir. Aucune de leurs assemblées n'a cependant apporté de solutions aux problèmes fondamentaux. Le spectacle est pourtant bien réglé : tapis rouge, déclarations publiques suivies de négociations, photo de famille, conférences de presse et auto-congratulations. Dans son introduction aux *Derniers jours de l'humanité*, rédigée au cœur de la Première Guerre mondiale, Karl Kraus faisait déjà allusion à « ces années durant lesquelles des personnages d'opérette ont joué la tragédie de l'humanité »[32]. Un siècle plus tard, rien n'a vraiment changé. Les gouvernants, incarnation de l'autorité de l'État, semblent désorientés et paraissent naviguer à vue. Ils ont pourtant un objectif commun : rassurer les marchés. Étonnamment, les solutions proposées se révèlent toujours très éphémères. Pour une raison simple : s'ingénier à satisfaire les marchés est à la fois dangereux et fondamentalement illusoire.

2 Satisfaire les marchés financiers est vain

Dans son roman inachevé *L'homme sans qualités*[33], Robert Musil met en scène un groupe d'intellectuels et de hauts fonctionnaires qui, avant 1914, se propose d'organiser en 1918 à Vienne les célébrations du jubilé de François-Joseph, l'« Empereur de la Paix ». Il en va bien entendu tout autrement : la guerre éclate, l'empereur meurt en 1916, avant que l'Empire austro-hongrois ne disparaisse en 1918. Des millions de citoyens, appelés au sacrifice suprême par les nations, tombent « au champ d'honneur » dans l'intervalle. Ce roman fait écho à la situation actuelle. Un siècle plus tard, ce sont les marchés financiers et leurs convulsions qui entraînent l'économie et la société dans une logique dangereuse. Chercher à les satisfaire est tout aussi vain que de vouloir à la veille de la Première Guerre mondiale célébrer un empereur de la paix.

Les marchés ne sont par nature jamais satisfaits et imposent d'innombrables sacrifices à la société. Questionner le bien fondé de cette dynamique pourrait sembler absurde, tant la réponse paraît évidente. Dans quels abysses infernaux serions-nous précipités si les marchés venaient à être contrariés ? Ceux de l'insolvabilité de l'État, de la dégradation par les agences de notation, voire même de plans d'austérité plus drastiques encore ? Ces derniers sont en effet la potion amère généralement administrée par les gouvernements, les banques centrales et les institutions internationales comme le FMI. Mais puisque cette réponse a valeur de consensus, l'affaire semble entendue. Vraiment ?

Effets dévastateurs de la crise

Force est de constater que depuis l'éclatement de la crise en 2008, cette recette n'a guère fonctionné. Le sud de l'Europe est exsangue à la suite des plans d'austérité drastiques mis en place. En Grèce, le gouvernement aux affaires depuis janvier 2015 n'est pas parvenu à sortir le pays de l'ornière. Le taux de chômage en avril 2019 atteignait 17,6 % et celui des jeunes 33%, comme en Espagne, à comparer à celui de l'Union européenne : 14,2%. Selon un rapport de la banque centrale grecque de juin 2016, 427 000 personnes âgées de 15 à 64 ans, dont beaucoup de jeunes diplômés, avaient déjà quitté le pays. Les salaires grecs se sont écroulés de 24% en moyenne entre 2010 et 2015, et près d'un tiers de la population s'est retrouvée sous le seuil de pauvreté en 2016. Entre 2008 et 2012, les impôts directs et indirects ont, en moyenne, augmenté respectivement de 53% et 22%. La moitié la plus pauvre de la population a quant à elle dû supporter une hausse moyenne des prélèvements de plus de

300%. La TVA a également atteint des niveaux record, avec un taux dépassant 20%, y compris dans le secteur de la restauration[34]. Entre 2010 et 2015, de nombreuses sociétés, publiques ou privées, ne sont plus parvenues à payer intégralement leurs salariés ou leurs fournisseurs. Le budget de l'éducation a également été l'une des victimes directes de cette politique. Sa réduction drastique a entraîné la fermeture ou le regroupement de près d'un millier d'établissements scolaires.

L'Allemagne, dont l'économie est régulièrement citée en exemple, comptait en 2017 près de 13 millions d'individus vivant sous le seuil de pauvreté, soit 16% de la population. Parmi eux, 197000 possédaient un « minijob », un emploi payé entre un et deux euros de l'heure. Un « salaire » minuscule, mais suffisant pour exclure ses bénéficiaires des statistiques du chômage. Les secteurs à bas salaire, correspondant en 2017 à une rémunération horaire inférieure à 10,50 euros, ont explosé. Ils occupent environ 7,6 millions d'individus, soit près du quart de la population salariée. L'Allemagne est le moteur économique de l'Europe, mais également le pays ou des millions de personnes survivent avec des salaires misérables. La réduction du chômage est un trompe l'œil : c'est à un recyclage massif de ses chômeurs en travailleurs pauvres que le pays s'est livré.

En France, en 2016, 14% de la population vivait en dessous du seuil de pauvreté et un peu plus de 87% des embauches étaient réalisées sur la base de contrats à durée déterminée, précaires par nature. Selon l'UNICEF, dans son rapport alternatif daté de 2015, 20% des enfants, soit plus de trois millions, vivent en France sous le seuil de pauvreté. 30 000 sont sans domicile, 10 000 habitent dans des logements insalubres et 140 000 jeunes de moins de 25 ans quittent chaque année le système scolaire sans aucune qualification.

En Italie, 7,9% de la population se trouvait en 2016 en situation de pauvreté absolue, c'est-à-dire dans l'impossibilité de se procurer des biens de première nécessité ou de se loger décemment. Quant à l'Espagne, les expulsions des familles ne parvenant plus à rembourser leurs dettes immobilières, ni même à payer les intérêts de celles-ci, se sont multipliées. Selon la banque centrale espagnole, environ 36 000 d'entre elles ont dû abandonner leur logement durant le premier semestre 2016.

En Europe, les gouvernements de gauche ou de droite qui se sont succédés ont systématiquement accentué les pressions fiscales sur les classes moyennes et défavorisées, et très souvent au mépris de leurs promesses pré-électorales. La situation est similaire aux États-Unis : 43 millions d'américains, soit 12,7% de la population, vivaient en 2016 sous le seuil de pauvreté. Semblablement à l'Europe, nombre d'entre eux sont des chômeurs en fin de droit, purement et simplement rayés des statistiques, comme ceux n'ayant plus droit à une indemnisation, ou ceux qui travaillent ne serait-ce qu'une heure, pendant une semaine de référence. Les États-Unis[35] affichaient un taux de chômage de 3,7% en juillet 2019, mais le sous-emploi est en réalité plus élevé. Par ailleurs, la croissance que connait actuellement le pays est entre autres due à la hausse des exportations d'armes[36]. D'un siècle à l'autre, le commerce de la peur demeure fructueux. Quant au Japon, 16% de la population survivait en 2014 en deçà du seuil de pauvreté.

Entre octobre 2008 et octobre 2011, « la Commission européenne a approuvé environ 4500 milliards d'euros d'aides d'État en faveur des établissements financiers, ce qui équivaut à 37% du PIB de l'Union Européenne »[37]. Entre 2008 et 2016, le montant total de ces aides aura atteint 5045 milliards d'euros. De ce renflouement sans contrepartie du système bancaire, aux frais du contribuable et dans l'unique objectif de satisfaire les marchés financiers, a résulté un endettement record de l'ensemble des pays développés.

Le rôle trouble des banques centrales

Grâce à leurs interventions d'envergure, les banques centrales ont contribué à éviter l'effondrement brutal du système bancaire durant les moments les plus critiques de la crise financière. Mais en maintenant le système financier sous perfusion, elles ont également joué un rôle essentiel dans la non-résolution des problèmes fondamentaux auxquels l'économie est confrontée.

En juillet 2012, les déclarations de Mario Draghi, président de la BCE, visant à rassurer les marchés financiers, ont eu un certain effet. Laisser entendre qu'un programme de rachats de dettes publiques pourrait être activé de manière illimitée a permis aux taux sur les dettes espagnoles et italiennes de revenir à des niveaux moins élevés. Mais les marchés ne restent jamais satisfaits très longtemps. La BCE a été amenée à baisser son taux directeur principal à 0,5% en 2013, puis à presque zéro en 2015. Le 22 janvier 2015, le président de la BCE a annoncé la mise en place d'un gigantesque programme de rachat d'actifs initialement fixé à 60 milliards d'euros par mois[38] et ayant fluctué entre 80 et 30 milliards. D'ici à décembre 2018, le total des sommes injectées dans le système financier aura dépassé les 2600 milliards. De tels volumes donnent le vertige. Ils auraient également dû conserver un caractère d'urgence et d'exception, et demeurer limités dans le temps. Au lieu de cela, ces injections se sont multipliées, puisque la BCE a annoncé la relance « aussi longtemps que nécessaire » de ce programme d'achat à partir de novembre 2019, à raison de 20 milliards d'euros par mois. Cette fuite en avant traduit l'inefficacité croissante de la politique monétaire de la BCE. Comment croire que ces interventions porteront leurs fruits et que de tels volumes permettront de relancer durablement l'économie ? La BCE est en réalité dans une impasse. Plutôt que de faire machine arrière, de reconnaître son échec et de changer de politique, elle persiste, à coups de milliards. Bien qu'elle se présente comme indépendante du pouvoir politique, la BCE prend en réalité des mesures favorables aux grands établissements financiers. Elle octroie des prêts aux banques européennes à des taux extrêmement faibles, lesquelles doivent en contrepartie fournir des garanties. Mais alors que l'institution européenne devrait faire preuve de toute la vigilance nécessaire quant à la qualité de ces engagements, elle se montre au contraire plutôt complaisante et accepte sans sourciller des actifs de nature potentiellement risquée[39], comme des titres financiers adossés à des prêts hypothécaires dont la solvabilité des clients est incertaine. Ce laxisme de la banque centrale incite les banques à être moins regardantes quant aux conditions d'octroi de crédits immobiliers, tout en percevant de confortables marges. Le mécanisme est simple : les banques prêtent à taux élevés à leurs clients les moins solvables et empruntent à faible taux à la BCE avant d'encaisser la différence. Cette politique de complaisance a pour conséquence directe d'amplifier la circulation de produits financiers douteux et d'accroître considérablement le risque systémique. S'endetter vis-à-vis de la BCE à des taux d'intérêt quasiment nuls permet également aux banques d'investir dans des obligations d'États de la zone euro. Celles-ci sont garanties par l'institution, censément donc dénuées de risque, et présentent des rendements lucratifs[40]. Avec les fonds empruntés, ces banques procèdent ainsi à des arbitrages financiers[41]. Les montants gigantesques injectés dans le système financier par la BCE n'atteignent guère l'économie réelle. Les priorités des grandes banques sont ailleurs. Plutôt que de se concentrer sur ce qui devrait être leur activité principale, à savoir prêter des capitaux aux entreprises européennes ayant des projets d'investissement rentables et durables, elles s'aventurent dans des activités immédiatement rémunératrices, comme les produits financiers complexes, généralement synonymes de toxiques. Ces liquidités génèrent des rendements boursiers élevés, dont ne profitent ni l'économie ni la société. Les grandes banques contribuent ainsi à la déconnexion croissante entre les sphères financière et économique et sont devenues une entrave au développement économique et social. Quant à la BCE, sa politique ne saurait fondamentalement améliorer la résilience du système financier, instable par nature.

Aux États-Unis, les achats d'obligations opérés par la Banque Centrale, la FED, ont produit une augmentation considérable de son bilan qui atteignait environ 4500 milliards de dollars en juillet 2017. Un montant inférieur, mains néanmoins énorme (de l'ordre de 1000 à 2000 milliards de dollars) est détenu par d'autres banques centrales comme celles du Japon, de Chine et d'Arabie Saoudite, ou par des fonds souverains, le reste ayant été acquis par des investisseurs institutionnels comme des caisses de pension. Aux États-Unis, les injections de liquidités de la banque centrale ont donc également été massives. Cette politique, momentanément stoppée, a été ponctuellement réactivée en septembre et octobre 2019, malgré les problèmes associés à un gonflement permanent du bilan de la FED. Les entreprises ont pris le relais, et l'injection de montants gigantesques dans le secteur financier se poursuit. Selon des analystes de Citibank, les rachat d'actions auraient atteint les 3000 milliards de dollars aux USA entre 2010 et 2016[42] et ont dépassé les 1000 milliards de dollars en 2018.

Conformément à la logique d'entreprise, ces sommes auraient dû être utilisées pour des investissements productifs, lesquels auraient alors généré de l'emploi. Elles ont en réalité permis aux cours boursiers de faire bonne figure, malgré une situation socio-économique difficile ; les PDG concernés ont ainsi reçu de confortables bonus, ces derniers étant généralement indexés sur les cours.

Au Japon, les achats d'obligations publiques opérés par la Banque centrale sont colossaux et sur le point d'assécher le marché de la dette nippone. Ils ont avoisiné les 600 milliards d'euros en 2014 ; la Banque centrale détenait à fin 2017 au moins 40% du stock total d'obligations japonaises[43] et devait en posséder 50% en 2018. Parallèlement, la banque centrale procède à l'acquisition de volumes d'actions gigantesques[44]. En 2016, elle était d'ores et déjà devenue l'actionnaire principal des 55 sociétés les plus importantes du pays[45]. Les résultats de cette politique monétaire ont conduit à une certaine hausse de la croissance économique dans ce pays en 2017, mais la situation reste fragile, en raison de l'énorme dette publique et privée japonaise, et du risque de déflation toujours présent.

Rappelons à ce stade les objectifs des banques centrales. Quels sont-ils ? Le premier est la maîtrise de l'inflation. La pratique des trois banques centrales décrite précédemment peut à ce titre laisser songeur, puisque celles-ci tentent au contraire de provoquer une hausse des prix de l'ordre de 2%. Cet objectif a été atteint aux États-Unis, avec un taux d'inflation de 2,4% en août 2019. Au sein de la zone euro, ce taux s'est établi à 1% en mai de la même année. Au Japon, il s'agissait de 0,6% en juillet 2019. Les méthodes de calcul retenues par ces Banques Centrales pour orienter leurs politiques monétaires, excluent le plus souvent l'énergie, l'alimentation ainsi que l'immobilier, et ne permettent donc pas vraiment de jauger l'inflation telle qu'elle est perçue par les ménages. En réalité, l'inflation s'est fortement immiscée au sein des marchés immobiliers et boursiers ; elle s'est d'ailleurs, dans ce dernier cas, accompagnée d'une volatilité accrue. La déconnexion entre les performances boursières et la situation socio-économique est la conséquence directe des injections à grande échelle de liquidités dans le secteur financier de la part des banques centrales.

Second objectif : la stabilité du secteur financier. Celui-ci demeure un objectif dit de « long terme », qui dans le jargon des économistes signifie qu'il sera probablement inatteignable. La vérité est que les montants injectés dans ce secteur contribuent à la manipulation des taux d'intérêts, ainsi que du prix des actions et des obligations, avec pour conséquence une instabilité chronique des marchés.

Le troisième objectif, qui concerne la FED, est celui du plein emploi. D'après les statistiques officielles, cet objectif était en passe d'être atteint aux États-Unis. Compte-tenu de l'ampleur du chômage caché, du sous-emploi et de la Covid-19, il est en réalité également de «long terme»[46]. Mesurés aux objectifs qui sont les leurs, les résultats des banques centrales sont donc bien peu satisfaisants.

Le leurre de l'union bancaire

En 1914, Raymond Poincaré lançait la fameuse formule de l'« Union sacrée », reprise régulièrement depuis par les responsables politiques de tous bords : « la France sera héroïquement défendue par tous ses fils, dont rien ne brisera devant l'ennemi l'Union sacrée »[47]. En 2018, c'est d'une autre guilde dont il s'agit, celle de l'union bancaire, supposée stabiliser les banques européennes. Belle réussite en effet, cette organisation n'étant en mesure de renflouer, dans le meilleur des cas, que deux établissements de taille moyenne et qui ne devrait fonctionner pleinement qu'à partir de 2025. Tant que le système financier n'aura pas été assaini sur la base de banques de taille réduite (de sorte qu'aucune d'entre elles ne soit systémique) et disposant de capitaux propres suffisants, ce type d'union bancaire demeurera une illusion, une fausse solution et guère autre chose qu'un élément de communication pour l'administration bruxelloise[48]. Car c'est précisément du caractère systémique des grandes banques nationales que provient le danger. Celui-ci incite les gouvernements à faire supporter les coûts de renflouement par le contribuable plutôt que par l'actionnaire et l'obligataire au prétexte de limiter la propagation du risque de défaut ou de faillite. Or, imposer à la population de régler la facture alors qu'elle n'est en rien responsable des difficultés des banques, et ce sans contrepartie aucune, est non seulement injustifiable, mais entraîne de surcroît son appauvrissement. Protéger le contribuable et responsabiliser l'actionnaire et l'obligataire supposerait un système financier composé de banques susceptibles d'assumer leurs responsabilités, c'est-à-dire de faire réellement faillite si leur stratégie s'avérait trop risquée.

Les plans d'austérité

Les marchés ne sont jamais aussi satisfaits que lorsque les gouvernements décident de la mise en place de plans d'austérité, perçus positivement par les marchés financiers dès qu'ils sont suffisamment rigoureux ou douloureux. Faudrait-il donc alors baisser les rémunérations des ouvriers européens au niveau vietnamien ou indien pour que l'Europe retrouve enfin une véritable compétitivité ? Ou même remonter le temps jusqu'au début du 19e siècle, à l'époque d'avant la mise en place de systèmes de retraite ou de sécurité sociale ? De telles politiques sont éminemment dangereuses, et entraînent une précarisation de l'emploi et un appauvrissement des salariés. Si le coût du travail constitue un sujet de préoccupation pour les marchés, ce n'est paradoxalement pas le cas des dérives des rémunérations de certains directeurs de banques ou de grandes entreprises (nous aborderons cette question plus en détail dans le chapitre suivant), ni des situations de dividendes excessifs. Manifestement, l'objectivité des marchés est pour le moins variable selon la nature du sujet.

La dictature des marchés financiers

Limiter l'influence des marchés financiers relèverait-il du sacrilège ? Les institutions qui s'échinent, sans beaucoup de succès d'ailleurs, à les satisfaire tout en les présentant comme irrationnels dès qu'ils réagissent à la baisse à de supposées bonnes nouvelles, ne procèdent-elles pas elles-mêmes d'une attitude similaire ?

Et si, comme le prouve la théorie financière, les marchés financiers se comportent souvent de manière irrationnelle, chercher à les satisfaire n'accentuerait-il pas plus encore ce comportement ?

Qui trouve t-on d'ailleurs derrière ces marchés ? Des divinités électroniques, dont les sentences irrévocables tomberaient en temps réel sur nos écrans ? La vérité est plus prosaïque : il s'agit en réalité de puissants acteurs financiers, comme les banques d'investissement et les fonds spéculatifs qui manipulent, ou tentent de le faire, ces mêmes marchés afin de faire fructifier leurs mises. Ces comportements provoquent des fluctuations en apparence erratiques des cours boursiers et entraînent l'économie dans une spirale dangereuse. Lorsque les transactions financières sont effectuées à un rythme toujours plus rapide, c'est-à-dire quelques millionièmes de seconde pour le trading à haute fréquence, c'est la fébrilité des cours, et non leur stabilité, qui produit les gains attendus.

Un sentiment d'impuissance se répand au sein de la population. Les responsables politiques sont élus sur la base de programmes, rapidement vidés de leur substance s'ils ont le malheur de déplaire aux lobbies de la finance. Qu'ils soient de gauche ou de droite, les dirigeants se doivent d'appliquer une seule politique, celle des marchés. La puissance de ces derniers est contraire aux principes même de la démocratie. En 1966, lors d'une conférence de presse à l'Élysée, le Général de Gaulle déclarait : « la politique de la France ne se fait pas à la corbeille »[49]. Force est de constater que cette page est aujourd'hui tournée : ce sont désormais les marchés qui déterminent ce que doit être l'orientation économique, financière, et par conséquent sociale, des pays.

La Grèce mise sous tutelle

En novembre 2011, Georgios Papandreou, alors premier ministre grec, eut l'audace d'envisager un référendum pour que ses concitoyens donnent leur avis quant à l'aide financière dont allait bénéficier le pays et au plan d'austérité devant l'accompagner. Quelques jours plus tard, il perdait le pouvoir. Dans un cadre présupposé démocratique, il semblerait a priori normal que les citoyens aient voix au chapitre quant aux questions les concernant directement et qu'ils puissent décider par eux-mêmes de l'utilisation des fonds publics. Fin 2014, le FMI annonçait qu'il suspendait ses prêts à ce pays en attendant la formation du prochain gouvernement, prévue en janvier 2015. L'union européenne n'est pas demeurée en reste et s'est exprimée par la voix de son commissaire européen à l'économie, Pierre Moscovici : « La Grèce doit respecter les engagements pris et mettre en place les réformes qui s'imposent ». Pour Wolfgang Schäuble, ex-ministre allemand de l'économie, il n'y avait pas d'alternative aux réformes mises en place en Grèce. Syriza a remporté l'élection, et les réactions ne se sont pas faites attendre : l'agence de notation Moody's a déclaré que cette victoire « influait négativement sur les perspectives de croissance » de l'économie[50] ; quant à Jean-Claude Juncker, président de la Commission européenne, il a rappelé qu'il « ne peut y avoir de choix démocratique contre les traités européens ». La Troïka, c'est-à-dire la commission européenne, la banque centrale européenne et le FMI, a une conception toute particulière des principes démocratiques : leurs exigences priment sur le choix des électeurs. En d'autres termes, que les peuples votent comme ça leur chante, mais leurs gouvernements devront *in fine* se conformer à certaines « recommandations ». Des avertissements, suivis de menaces, sont le cas échéant envoyés aux populations rétives et qui auraient l'audace d'envisager la renégociation et l'annulation partielle de leurs dettes, même si celles-ci résultent en grande partie d'une logique politique promue par les institutions internationales et les grandes banques.

Le 25 janvier 2015, un nouveau gouvernement grec a donc été élu sur la base d'un rejet de la dictature des marchés financiers et du diktat de la Troïka. Depuis lors, c'est à une tentative de déstabilisation que le gouvernement a été confronté[51], comme l'a expliqué Yanis Varoufakis, ministre grec en charge des finances, en avril 2015 : « Le gouvernement doit faire face à un coup d'État d'un nouveau genre. Nos assaillants ne sont plus comme en 1967 les tanks, mais les banques ». Pour être exact, il conviendrait de rajouter au nombre des assaillants, la Troïka et les agences de notation. Une semaine après le « non » au référendum du 5 juillet 2015, c'est-à-dire au rejet par le peuple des injonctions émanant de ces institutions, le gouvernement a fait machine arrière et confirmé la politique d'austérité de ses prédécesseurs. La Grèce et la démocratie ont été mises sous tutelle. À défaut de véritables négociations, l'exécutif a dû consentir une reddition sans condition et se plier à diverses concessions comme la non-remise en question du programme de privatisation initié par le gouvernement précédent, le report de l'augmentation du salaire minimum ou l'alourdissement de la TVA. La politique de privatisation s'est effectuée au détriment des contribuables grecs ; à titre d'exemple, la vente de 28 bâtiments publics réalisée en 2013 par l'État grec, que celui-ci occupe toujours à l'heure actuelle. Ce sont donc désormais 600 millions d'euros de loyer dont Athènes devra s'acquitter aux nouveaux propriétaires durant les 20 prochaines années, soit presque le triple de la somme perçue suite à la vente, laquelle est par ailleurs immédiatement tombée dans la poche des créanciers[52]. Mentionnons également la « privatisation » de 14 aéroports grecs touristiques et rentables, bradés en 2015 au profit d'une entreprise allemande quasi étatique : Fraport-Slentel. Le comble est que cette opération a été subventionnée par le contribuable : Fraport-Slentel a été autorisée à utiliser 300 millions d'euros de fonds publics européens pour la modernisation de ces infrastructures, très exactement ce qu'aurait pu faire la Grèce pour son propre compte, si elle n'avait été obligée de les céder.

La politique d'austérité et de réduction des dépenses de l'État imposée à la Grèce présente également quelques aspects pour le moins cocasses, s'ils n'étaient révélateurs de l'état d'esprit dans lequel celle-ci s'est déroulée[53]. Lorsque le gouvernement Tsipras a décidé d'effectuer des coupes dans le budget de la défense par le biais d'une réduction d'achats de matériel militaire, les gouvernements allemand et français ont manœuvré de sorte à ce que ces baisses de budget affectent les emplois publics plutôt que le budget de l'armement. La Grèce constitue en effet pour ces deux pays un débouché important : l'Allemagne y exporte des sous-marins et, conjointement avec la France, des hélicoptères[54].

Pour revenir au gouvernement élu en janvier 2015, il n'a pas mis en œuvre le programme pour lequel la population l'avait mandaté. Les Grecs ont souffert d'une douloureuse austérité qui n'a fait qu'empirer la situation. Le FMI, la BCE et l'Union européenne ont en réalité, sous couvert d'aide au pays, prioritairement aidé les grandes banques allemandes et françaises à se défaire de leurs créances douteuses d'origine grecque. Celles-ci ont jusqu'en 2008 prêté des montants considérables à la Grèce, et se sont retrouvées en situation délicate lorsque ce pays n'a pu honorer ses engagements aux dates prévues. Le montant total de ces dettes était alors de l'ordre de 300 milliards d'euros, et le secteur financier exposé à hauteur des deux tiers, soit près de 200 milliards. Début 2015, ce secteur ne détenait plus qu'environ 12% de la dette hellénique, et principalement du fait de fonds vautours qui tentent de profiter de la situation en réclamant remboursement après avoir acheté ces créances à des prix très faibles[55]. Entre 2009 et 2015, la situation a donc considérablement évolué. En 2011, Jean-Claude Trichet, alors président de la BCE, a activé une politique de rachat de titres émanant de pays européens en difficulté, dont la Grèce. L'Union européenne et la BCE sont désormais en première ligne quant à l'exposition à la dette grecque. Elle a été restructurée en février 2012, et 53% du total détenu par les créanciers privés, soit environ 107 milliards d'euros, ont été effacés et c'est pourquoi elle n'était plus que de l'ordre de 200 milliards d'euros début 2015.

En réalité, des dizaines de milliards d'euros de compensation, sous forme de recapitalisations et de garanties publiques, ont été octroyés à ces créanciers[56] et tout particulièrement aux grandes banques françaises et allemandes ayant accepté cette restructuration. Les responsables européens ont fait en sorte que les pertes soient socialisées : les contribuables européens ont assumé les risques pris par leurs grandes banques afin de « rassurer » les marchés. Seuls environ 10% des quelques 300 milliards d'euros d'aides publiques versées dans le cadre de plans de « sauvetage » ont bénéficié à la Grèce. Le reste est retourné à ses créanciers.

Un effacement partiel de la dette colossale qui touche aujourd'hui encore le pays paraît inéluctable. Comme ce fut le cas pour l'Allemagne, qui, en 1953, présentait une dette de l'ordre de 200% de son PIB. La BCE et l'Union européenne persistent à nier l'évidence, mais le FMI l'a quant à lui reconnu en juillet 2015[57], après être demeuré intransigeant tout au long des « négociations » avec la Grèce. Il se montre d'ailleurs depuis février 2014 beaucoup plus souple avec l'Ukraine, également confronté à une situation financière catastrophique. Les critères de décision de cette institution sont décidément à géométrie variable.

De qui se moque-t-on ?

Les marchés présentent-ils de quelconques vertus qui obligeraient les États à tenir leurs comptes ? L'exemple grec éclaire la supercherie : les dérapages budgétaires du pays ont été en partie camouflés en 2000 grâce à un produit financier complexe, le *Swap de devises*[58]. Mis en place par la banque Goldman Sachs, ce montage opaque a déjà coûté à la Grèce près de 300 millions d'euros de commissions, qui se sont transformés en autant de bénéfices pour la banque. Le montant de cette dette ainsi dissimulé a contribué à permettre à la Grèce de satisfaire en apparence les critères de Maastricht et lui a ouvert les portes de la zone euro, ce qui n'aurait pas dû être le cas. Mario Draghi, ex-président de la BCE, a été vice-président de Goldman Sachs International de 2002 à 2005. Il n'a jamais publiquement condamné ces opérations. Loukás Papadímos, alors gouverneur de la banque centrale grecque et premier ministre du pays en 2011, a été l'un des maillons clé de cette transaction. Ces deux dirigeants comptent encore aujourd'hui parmi les « spécialistes » européens supposés remettre les comptes publics en état et limiter l'ampleur des dettes.

La BCE se refuse à divulguer les informations dont elle dispose quant à ces pratiques douteuses. L'agence Bloomberg a souhaité avoir accès aux analyses émanant d'experts de la BCE pour la période 1998 – 2001, mais un jugement de la Cour européenne de justice du 29 novembre 2012 a rejeté cette demande et autorisé la BCE à dissimuler ces informations, au motif que « dévoiler ces documents aurait nui à la protection de l'intérêt public, en ce qui concerne la politique économique de l'Union européenne et de la Grèce ».

Comment la divulgation de documents provenant d'une institution publique pourrait-elle nuire à l'intérêt public ? Au nom de quoi une institution comme la BCE serait-elle autorisée à donner un caractère confidentiel à ses analyses sur la période clé précédant la création de l'euro ? Quels secrets souhaite-t-elle dissimuler ? Que savait, ou préférait ignorer la BCE de ces agissements ? Qu'attendent les parlementaires européens pour s'emparer du dossier ? Tout citoyen devrait avoir accès à ces informations. Car c'est lui qui, au bout du compte, s'acquitte de la facture des montages de Goldman Sachs.

Briser le tabou de la taille excessive et de la complexité des marchés financiers

Henry Ford, le fondateur de la Ford Motor Cie a un jour déclaré : « Il est appréciable que le peuple de cette nation ne comprenne rien au système bancaire et monétaire, car si tel était le cas, je pense que nous serions confrontés à une révolution avant demain matin. » Cette citation n'a jamais été autant d'actualité : c'est au contrôle démocratique que tente de se soustraire le secteur financier, grâce à sa taille et à son opacité.

Les *produits dérivés*[59] sont aujourd'hui si répandus qu'ils sont devenus une composante essentielle des marchés. Ils sont originellement des instruments de couverture permettant aux acteurs de l'économie réelle, comme les importateurs ou les exportateurs, de se prémunir contre d'éventuelles variations défavorables de prix ou de cours de devises. Si, par exemple, une société française importe des produits fabriqués en Suisse, elle devra effectuer un règlement en francs suisses à une date déterminée. Il pourrait dès lors être utile qu'elle s'assure contre une éventuelle hausse du franc par rapport à l'euro afin d'éviter d'en subir les conséquences, c'est-à-dire d'avoir à acheter les francs suisses à un prix supérieur en euro. De même, une compagnie aérienne peut se protéger contre une éventuelle hausse du cours du combustible, en acquérant des options d'achat lui permettant de payer ce carburant à un prix en dollars fixé à l'avance. Problème : les produits dérivés ont aujourd'hui une valeur nominale représentant près de neuf fois le PIB mondial. Le bon sens laisserait penser qu'un importateur n'a pas besoin de couvrir neuf fois la valeur de ses produits, mais une fois seulement. De même, une compagnie aérienne n'a pas besoin d'assurer neuf fois son volume de combustible. Certains secteurs économiques, comme les services, sont par ailleurs peu sujets à de brusques variations de prix. Si les produits dérivés correspondaient essentiellement à des produits d'assurances, leur valeur nominale devrait donc être bien inférieure à celle du PIB mondial, soit de l'ordre de 20 ou 40% de celui-ci, et non de neuf fois plus. Mais la réalité est tout autre. Les produits dérivés constituent en fait l'une des dimensions principales du problème grec et l'une des raisons de l'entêtement du FMI, de la

BCE et de l'UE à nier l'évidence de la faillite. En cause : le montant pharaonique des produits financiers en circulation permettant de parier sur le défaut ou la faillite du pays. Ce dont il est question ici sont les *Credit Default Swaps*, que nous verrons plus en détail dans le chapitre 4. Ces produits sont traités de manière particulièrement opaque et sans véritable régulation, les « autorités compétentes » ne sachant, ou préférant délibérément ignorer, si ces contrats ont été vendus par des banques basées à Francfort, Paris, Londres ou New York. Nier la faillite grecque permet d'éviter l'activation de ces paris, et donc la mise en situation délicate des banques ayant misé sur la capacité du FMI, de la BCE et de l'Union européenne à trouver une solution. La Deutsche Bank par exemple pourrait être profondément ébranlée par un défaut grec en raison de la démesure de ses activités sur produits dérivés, comme montré dans le chapitre 4. Ceux-ci représentaient en 2017 un montant de 48 265 milliards d'euros[60], c'est-à-dire 15 fois le PIB allemand, ou encore, près des deux tiers du PIB mondial. L'hypertrophie de l'endettement de la Deutsche Bank lui fait encourir des risques démesurés s'il s'avère qu'elle a massivement écoulé des *Credit Default Swaps* sur la base d'un défaut de la Grèce. Ses pertes pourraient être catastrophiques en cas de non-paiement, ne serait-ce que d'une partie, des dettes contractées par le gouvernement grec.

Les marchés de change présentent également une taille excessive. Une semaine de transactions sur ces marchés serait suffisante pour permettre à l'ensemble du commerce international annuel de biens et de services de s'effectuer. Quelle est donc l'utilité économique des transactions réalisées durant les 51 autres semaines ? Ces opérations participent au développement d'une spéculation démesurée qui nuit à l'efficience et à la transparence du marché des devises, pourtant essentielles aux entreprises dans leurs activités d'exportation et d'importation. Le 15 janvier 2015, l'annonce de l'abandon du taux plancher de 1,2 franc suisse pour un euro par la banque nationale suisse (BNS) résulte également de cette situation. Ce taux avait été instauré en 2011 par la BNS pour lutter contre la tendance du franc à l'appréciation. Pour maintenir cette politique, elle a alors procédé à l'achat massif d'euros, mais le coût de cette politique est ainsi devenu trop élevé[61] : le volume journalier moyen de l'ensemble des transactions réalisées sur le franc correspondait en 2013 à près de 270 milliards de dollars, dont 70 milliards exclusivement en lien avec les échanges franc-euro[62]. En s'engageant à hauteur de 500 millions de dollars, un fond d'investissement peut obtenir d'une grande banque un crédit de 9,5 milliards, sur la base d'une mise initiale de 5%. Il peut ainsi spéculer à la hausse du franc et à la baisse de l'euro avec une puissante force de frappe : 10 milliards de dollars. Et d'autres fonds spéculatifs ainsi que des grandes banques peuvent en faire tout autant. À long terme, il devenait difficile à la BNS de rivaliser avec de tels acteurs et d'acheter jour après jour les milliards d'euros vendus par ces puissances financières afin de contenir la hausse du franc. Son bilan était d'environ 500 milliards de francs avant l'annonce de cet abandon, soit près de 85% du PIB suisse. Elle ne pouvait le faire grossir indéfiniment. Comment d'ailleurs investir ces euros de manière judicieuse ? Les actifs associés à une devise dont l'avenir est incertain lui faisaient encourir des risques élevés.

La complexité est, quant à elle, un véritable facteur de profit et de pouvoir : de profit, car les banques d'investissement en mesure d'émettre des produits dérivés complexes excluent de fait leurs concurrentes plus modestes. Un facteur de pouvoir, car les dirigeants de banques d'investissement ou de fonds spéculatifs sont supposés comprendre et maîtriser cette complexité. Hasard ou coïncidence, ils sont par la suite nombreux à occuper les plus hautes fonctions au niveau politique. Comme Robert E. Rubin, ou Henry M. Paulson Jr., anciens hauts responsables de Goldman Sachs, tous les deux par la suite devenus Secrétaire au Trésor respectivement de l'administration Clinton et de celle de George W. Bush. Ou Mario Draghi, ex-président de la BCE, ses collègues Mark Carney, son homologue en Angleterre, William Dudley, directeur de la Réserve fédérale de New York[63], ou encore Mario Monti, président du Conseil des ministres italien de 2011 à 2013. Tous ont occupé des postes de haute direction chez Goldman Sachs. Le directeur de la Banque de France nommé en septembre 2015, François Villeroy de Galhau, était quant à lui directeur général délégué du groupe BNP Paribas peu de temps auparavant. Quant au ministre de l'économie espagnol, Luis de Guindos, nommé fin 2011, il a été président de la banque Lehman Brothers en Espagne.

Les politiques mises en place par ces experts théoriquement neutres bénéficient en réalité aux institutions qu'ils ont servies, ou qu'ils serviront par la suite. À l'instar de José Manuel Barroso, ex-président de la Commission européenne, recruté par Goldman Sachs comme conseiller et président non exécutif. Les citoyens se trouvent ainsi exclus des débats liés aux risques associés aux marchés financiers et aux innovations financières. Une situation bien entendu inquiétante pour la démocratie et pour le contribuable en particulier qui, en dernière instance, supportera ces risques.

Chercher à satisfaire le Moloch financier est donc non seulement vain mais également dangereux, et ce tant en termes sociaux et démocratiques qu'économiques. Le secteur financier asservit la société et impose sa logique à l'économie. Celle-ci se trouve alors dans l'incapacité de jouer son rôle et de permettre un véritable développement social.

Il est par ailleurs intéressant d'analyser comment la sphère financière, qui ne manque jamais l'occasion de se draper dans les habits de la doctrine libérale, supposée répondre aux intérêts du plus grand nombre, en vient à contredire jour après jour ses propres principes en agissant de façon particulièrement antidémocratique. L'oligarchie financière s'appuie en réalité sur des groupes de pression[64] particulièrement puissants pour influencer les gouvernements et les institutions internationales. Les contradictions entre les principes vertueux affichés par la finance et la réalité de son fonctionnement font l'objet du prochain chapitre.

3 Libéralisme : la sphère financière est croyante mais non pratiquante[65]

Durant le siècle d'or du libéralisme, de la fin des guerres napoléoniennes au déclenchement de la Première Guerre mondiale, le développement des nations industrielles s'est appuyé sur de grandes banques qui ont permis aux industries nationales de bénéficier de l'épargne locale. Avec la première mondialisation, de 1870 à 1914[66], le processus s'est internationalisé et les établissements financiers ont peu à peu orienté l'épargne nationale vers l'étranger. La France était alors, avec l'Angleterre, à la pointe de ces investissements internationaux[67]. Lorsque certaines de ces banques ont commencé à diriger l'épargne vers des placements douteux plutôt que productifs, leurs investissements se sont transformés en pertes sèches. Le scandale du canal de Panama[68] en 1889 est un parfait exemple. Les emprunts russes en sont un autre : bien avant la révolution de 1917, des voix s'étaient élevées pour alerter l'Europe quant à la réalité de la situation ; selon un économiste russe d'alors[69], le budget de ce pays n'était rien d'autre qu'« un objet décoratif pour l'étranger ». En France, Jean Jaurès a dénoncé le contrôle monopolistique de l'épargne française laissée à quelques banques, ainsi que les commissions que celles-ci percevaient pour les prêts à l'étranger. L'ampleur des gains a été particulièrement importante, puisqu'à titre d'exemple, 30% des profits du Crédit Lyonnais réalisés entre 1887 et 1903 l'ont été à partir des frais bancaires imposés à leurs clients pour participer à ces emprunts[70]. En France, de bienveillants journalistes ont vanté les mérites de ces placements[71]. La suite est connue. À la fin de la Grande Guerre, deux tiers des investissements français à l'étranger avaient été purement et simplement perdus[72].

De la première à la seconde globalisation

Une mondialisation optimale requiert une libre circulation des biens et des personnes, et présuppose donc un progrès technologique permettant ces mouvements. Durant la première mondialisation, ceux-ci se sont appuyés sur le ferroviaire et le maritime, ainsi que sur le télégraphe et le téléphone. La deuxième mondialisation, qui débute dans les années 1990, s'est quant à elle adossée sur les secteurs aérien, spatial, ainsi que sur Internet (qui s'est substitué au télégraphe) et les technologies de l'information et de l'intelligence artificielle. La globalisation des échanges et l'interconnexion des pays n'est toutefois garante ni de paix, ni de stabilité. La première mondialisation s'est fracassée sur la Grande Guerre. La seconde n'a quant à elle pas permis de résoudre les nombreuses tensions actuelles ; elle a de plus engendré de multiples crises financières.

Aujourd'hui, l'Eldorado économique n'est plus russe mais chinois et les grandes banques occidentales ont toutes investi dans ce pays. Tout comme par le passé, il est fort probable que les risques économiques, sociaux et environnementaux soient sous-estimés et que l'information soit incomplète. Les États-Unis jouent également un rôle clé dans cette seconde globalisation. Ils incarnent un autre Pays de Cocagne : la référence en matière de néo-libéralisme débridé. Depuis les années 1980, *Wall Street* donnent le « la » de la finance, tant en termes de montages opaques que de produits toxiques, vers lesquels l'épargne est déviée. Les investisseurs ainsi piégés en sont pour leurs frais. La puissance militaire des États-Unis et la domination du dollar assurent encore un avantage certain au pays, en lui permettant de vivre, pour le moment, au-dessus de ses moyens.

Contrairement à la première, cette seconde globalisation nuit directement au progrès social, la situation s'aggravant plus encore d'une génération à la suivante. L'agenda néo-libéral mis en place dans les années 1980 et le rôle dévolu aux grandes banques dans ce processus sont les éléments clé qu'il convient maintenant d'analyser avec attention.

Les années 1970, caractérisées par la stagflation[73], l'abolition des accords de Bretton-Woods qui garantissaient des taux de change fixes entre les principales devises depuis la fin de la Seconde Guerre mondiale, les conséquences économiques de la guerre du Vietnam et les chocs pétroliers, marquent la fin d'une époque. Avec l'accession au pouvoir de Margaret Thatcher en Angleterre en 1979 et de Ronald Reagan aux USA en 1981, les années 1980 vont être le cadre d'un changement de politique économique au niveau international. À une politique de la demande se substitue une politique de l'offre. La *politique de la demande* est de nature keynésienne, basée sur un état interventionniste dont les dépenses sont censées réguler l'économie et stabiliser le chômage à un faible niveau. La *politique de l'offre* est quant à elle de nature néo-libérale, car elle repose sur la dérégulation des sphères économique et financière ainsi que sur la privatisation des entreprises publiques. Elle s'accompagne d'une politique monétariste dont l'objectif est de contenir l'inflation. Une banque centrale en théorie indépendante du pouvoir politique est censée contrôler la masse monétaire. Cette politique de l'offre est supposée créer les conditions permettant une croissance économique ultérieure.

Cette politique de dérégulation a résulté en des règles implicites, comme celle conférant aux agences de notation un pouvoir exorbitant sur l'économie, ou permettant aux institutions financières supposées « *too big to fail* » de se financer à moindre coût (ceci revenant en réalité à leur allouer des subventions), ainsi que faire supporter les coûts du renflouement de ces mêmes institutions au contribuable en cas de situation de quasi-faillite. Les situations de cartel, le recours à des subventions ainsi que la privatisation des bénéfices et la socialisation des pertes sont clairement contraires à l'esprit du libéralisme.

Qu'est-ce que le libéralisme ?

La logique de financiarisation de l'économie, qui caractérise la globalisation actuelle, contredit les principes de base du libéralisme sur lesquels elle est censée reposer. Invitons quelques auteurs de référence pour nous aider à cerner la problématique, comme Ludwig von Mises, Friedrich August von Hayek, Milton Friedman et Adam Smith.

Tout d'abord von Mises, qui à la question « qu'est-ce que le libéralisme ? », répond :

> « Le libéralisme est une doctrine entièrement consacrée au comportement des hommes dans ce monde. En dernière analyse, il n'a rien d'autre en vue que le progrès de leur bien-être extérieur et matériel »[74]. Et il poursuit de la manière suivante : « Le libéralisme a toujours eu en vue le bien-être de tous, et non celui d'un groupe particulier »[75].

À la question de savoir ce que le libéralisme n'est pas, von Mises répond :

> « Une politique antilibérale est une politique de consommation du capital. Elle privilégie le présent au détriment de l'avenir »[76].

Friedrich von Hayek, de son côté, s'exprime très clairement contre l'interventionnisme de l'État en matière économique et sur ce que le libéralisme devrait éviter. Il écrit :

> « L'État devrait se limiter à établir des règles adaptées aux conditions générales, aux situations-types et garantir à l'individu la liberté d'action dans toutes les circonstances spécifiques, car seul l'individu peut connaître parfaitement ces circonstances particulières et régler sa conduite en conséquence »[77].

Enfin, selon Adam Smith, dans une société libérale chacun « est conduit par une main invisible à promouvoir un objectif qui n'entre nullement dans ses intentions [...] En poursuivant la recherche de ses intérêts, il promeut ceux de la société de manière plus efficace que s'il avait intentionnellement cherché à le faire »[78]. Ce qu'évoque la « main invisible » est donc que satisfaire ses propres intérêts est également bénéfique pour la société. Globalement, de la fin des guerres napoléoniennes au début de la Première Guerre mondiale, la mise en application de politiques inspirées du libéralisme a permis un développement économique, scientifique et social sans précédent et, dans l'ensemble, au bénéfice du plus grand nombre.

Une oligarchie financière drapée dans les habits du libéralisme

Comparer chacun des extraits précédents avec la situation actuelle est riche d'enseignement. Commençons avec von Mises :

> « Le libéralisme a toujours eu en vue le bien de tous, et non celui d'un groupe particulier ».

La distribution des revenus permet d'estimer si le bien-être général est effectivement aujourd'hui considéré. Une perspective historique est à ce niveau intéressante. Selon l'économiste Thomas Piketty[79], le 1% de la population américaine disposant des revenus les plus élevés percevait en 1910 environ 18% du total des rémunérations. En 1970, la situation s'était partiellement rééquilibrée et ce même 1% n'en percevait plus que 8%. En 2010, les écarts de revenus étaient à nouveau très élevés : 18% du total des rémunérations étaient à nouveau perçus par 1% de la population, une situation donc identique à celle du siècle précédent.

Si, plutôt que de considérer le 1% de la population ayant les revenus les plus élevés, on s'attache aux 0,01% les plus fortunés, alors les écarts s'accentuent plus encore en comparaison avec la situation de 1910. Précisons que les travaux de Thomas Piketty se basent sur les déclarations d'impôts ; or, l'existence de paradis fiscaux, de produits financiers complexes et de montages comptables opaques facilite le camouflage de vastes fortunes.

Mais même ainsi maquillée, la situation est sans appel : dans de nombreux pays, les différences de revenus ont aujourd'hui atteint des niveaux extrêmes et sans précédent.

Le cas des États-Unis est à ce titre particulièrement explicite. En 2006, chacun des 20 directeurs de fonds spéculatifs les mieux rémunérés a perçu en moyenne 657 millions de dollars. Ces revenus sont environ 15 000 fois plus élevés que le salaire moyen à la même période. À titre comparatif, le rapport entre les rémunérations les plus hautes et le salaire moyen se situait aux alentours de 30 à 40 en 1970. Les revenus de ces directeurs correspondent par ailleurs à 18 fois la rétribution moyenne des 20 PDG les mieux rémunérés des institutions non financières de l'indice S&P 500. Cette situation laisse entrevoir où le véritable pouvoir se concentre.

En France, le rapport entre le traitement du Président de la République et le salaire minimum est de l'ordre de 10[80]. En 2006, Thierry Desmarest, alors Président du conseil d'administration de Total, a perçu près de 3 millions d'euros, soit 2142 fois plus que le salaire de base. En 2006 aux États-Unis, le PDG du fond spéculatif Renaissance Technologies a reçu 1,5 milliard de dollars, soit environ 20 fois plus que le CEO d'entreprise le mieux rémunéré, à savoir Terry Semel, le directeur de Yahoo, avec 72 millions de dollars. En 2007, ce multiple a atteint 44. John Paulson, directeur du fonds spéculatif du même nom, a en effet perçu environ 3,7 milliards de dollars, un montant représentant près de 80 000 fois le revenu moyen aux USA. Larry Ellison, le directeur d'Oracle, et le dirigeant le mieux payé des institutions non financières de l'indice S&P 500, a quant à lui reçu 85 millions de dollars. En 2013, les écarts se sont encore accentués par rapport à 2007. Les 20 directeurs de fonds spéculatifs les mieux rémunérés ont perçu en moyenne 1,1 milliards de dollars, soit près de 25 000 fois le salaire moyen et 33 fois plus que la moyenne des 20 rétributions les plus élevées des PDG des institutions non financières de l'indice S&P 500 (33 millions de dollars). Cette même année, George Soros, directeur du fonds spéculatif Soros Fund Management Renaissance Technologies, a battu tous les records. Il a perçu un montant de 4 milliards de dollars, soit environ 52 fois plus que Larry Ellison, demeuré dans l'intervalle le directeur le mieux payé des institutions non financières de l'indice S&P 500, avec 76,9 millions de dollars[81]. George Soros a donc perçu en 2013 environ 87 000 fois plus que le revenu moyen aux États-Unis.

En 2016, les dirigeants de fonds spéculatif les mieux rétribués étaient James Simmons et Michel Platt, respectivement à la tête de Renaissance Technologies Corp. et de Bluecrest Capital Management. Ils ont bénéficié d'un revenu de 1,5 milliard de dollars chacun, correspondant à 34 000 fois le revenu moyen aux USA et près de 6,3 fois plus que le revenu du PDG de Walmart, Marc Lore, le directeur le mieux payé des sociétés non financières de l'indice S&P 500 (237 millions de dollars). Quant à Lloyd Blankfein, le PDG de Goldman Sachs, sa rémunération a atteint en 2016 20,2 millions de dollars. La fête continue donc pour l'oligarchie financière.

Dans une logique libérale, ce type de rémunérations est plus problématique encore et d'autant plus injustifiable s'il s'accompagne de lourdes pertes pour l'actionnaire et le contribuable. Ainsi Brady Dougan, à la tête du Credit Suisse jusqu'à début mars 2015, a perçu durant les huit ans où il a exercé ses fonctions près de 160 millions de francs suisses. Durant cette même période, le cours de l'action Crédit Suisse a perdu près de 70% de sa valeur; l'établissement a par ailleurs été accusé d'avoir facilité l'évasion fiscale aux États-Unis et a dû s'acquitter en 2014 d'une amende record de 2,8 milliards de dollars. Les actionnaires de Crédit Suisse ont bien entendu subi les conséquences de cette amende, mais également les contribuables, puisque ce montant a été partiellement déduit des impôts de Crédit Suisse. La situation ne s'est guère améliorée avec son successeur Tidjane Thiam: qui a perçu 90 millions de francs entre juillet 2015 et février 2020, alors que l'action Crédit Suisse perdait encore 40% de sa valeur durant cette période.

UBS n'est pas en reste. Si les bonus versés pendant les mauvaises années 2007, 2008, 2009 et 2012 avaient été supprimés, une bonne partie des pertes aurait pu être effacée. Cet établissement aurait ainsi dû s'acquitter de ses impôts sur les bénéfices dès 2012, plutôt que d'attendre 2017. Le manque à gagner pour le canton de Zurich est de l'ordre de 49 millions de francs, c'est-à-dire précisément ce que les écoles, les centres de formation et l'université de Zurich ont dû économiser en 2017[82]. Rappelons également que le contribuable suisse avait déjà été mis à contribution en 2008 pour sauver UBS de la faillite. Les bonus versés cette année-là sont donc particulièrement injustifiables.

La situation n'est guère différente en France en termes de rémunérations : Frédéric Oudéa, directeur de BNP Paribas, a ainsi perçu un montant total d'environ 4 millions d'euros en 2017, dépassant de peu celui du PDG de Crédit Agricole, Philippe Brossac, avec ses 3,6 millions d'euros.

Les exemples de ce type sont multiples et sans frontière. En Espagne, Aurelio Izquierdo, l'un des dirigeants de *Bankia,* a perçu pour sa future retraite un « parachute doré » de 7,6 millions d'euros en 2012, et ce malgré les 23 milliards d'euros dont le contribuable européen s'est acquitté pour sauver la banque de la faillite. Lors de son départ en retraite, Joseph Cassano a quant à lui été réengagé comme « consultant » par AIG Financial Product Division, la société d'assurance dont il a longtemps été directeur. Salaire mensuel : 1 million de dollars. Or, quasiment en faillite en 2008, cette société a également été renflouée par le contribuable américain. D'après Joseph Cassano lui-même, ce contrat de conseil permettait de conserver au sein d'AIG cette « connaissance intellectuelle »[83] dont il aurait été le détenteur. Contrairement à d'autres institutions financières, AIG avait massivement parié sur la survie de la banque Lehman Brothers, un choix malheureux à la source de ses déboires. De quelle « connaissance intellectuelle » était-il donc question ? Richard Fuld, ex-CEO de Lehman Brothers, a quant à lui perçu près d'un demi-milliard de dollars entre 2000 et 2007, en dépit de sa responsabilité dans la stratégie qui mènera la banque à la faillite. Mentionnons également Jamie Dimon, le PDG de JPMorgan Chase, dont la rémunération annuelle a bondi de 74% en 2013 pour atteindre 20 millions de dollars, et ce en dépit des pertes d'environ 6 milliards liées aux activités de Bruno Iksil en 2012. Pertes auxquelles il faut encore ajouter les 20 milliards de dollars de pénalités dont JPMorgan Chase a dû s'acquitter en 2013 pour solder les multiples affaires judiciaires dans lesquelles elle s'est trouvée impliquée, et notamment celle de complicité de fraude dans le cadre de l'affaire Madoff. Bénéficier d'un conseil d'administration compréhensif et diriger une banque dite « *too big to fail* » est donc assurément lucratif.

Selon von Mises, seul un accroissement général de la productivité du travail dans un secteur donné peut générer une augmentation des rémunérations dans ce même secteur. En ce qui concerne la sphère financière, arguer que le niveau atteint par les rémunérations les plus élevées serait justifié par un accroissement de la productivité relève évidemment, au vu des nombreux déséquilibres provoqués par la crise, de la malhonnêteté intellectuelle, si ce n'est du cynisme[84].

Les statistiques relatives aux personnes les plus démunies sont tout aussi impressionnantes. Selon le Pew Research Center, quelque 71% de la population mondiale est pauvre ou à bas revenu, avec moins de dix dollars par jour pour vivre. Selon la FAO, environ

800 millions d'individus souffrent des conséquences d'une sous-nutrition chronique et plus de 3 millions d'enfants en meurent chaque année.

Les richesses accumulées mettent aussi en évidence des écarts injustifiables. Selon Forbes Magazine, les 100 premières fortunes mondiales cumulées atteignaient en 2017 un total de 2300 milliards de dollars[85]. En 2015, le 1% de la population la plus riche possédait autant que les 99% restant, c'est-à-dire 50% de la richesse mondiale. Enfin, selon l'ONG britannique OXFAM, les 26 individus les plus fortunés possédaient en 2018 autant que la moitié la plus pauvre de la population mondiale. En 2017, « 82% de l'accroissement des richesses créées dans le monde ont bénéficié aux 1% les plus riches, alors que la situation n'a pas évolué pour les 50% les plus pauvres ».

Au niveau international, les écarts démesurés que nous observons, tant au niveau des revenus que des richesses, sont comparables à ceux d'avant la Première Guerre mondiale, voire pires. Ils sont les conséquences de l'insatiable boulimie de la sphère financière et de la logique que ce secteur impose à l'économie. Cette pathologie est non seulement moralement détestable, mais elle l'est également d'un point de vue économique. Notre société est l'otage de puissants lobbies, qui tentent, non sans succès, de persuader les citoyens que l'économie ne saurait fonctionner efficacement dans un cadre autre que celui du système actuel, où les PDG de certaines sociétés financières perçoivent des rémunérations de l'ordre de dizaines de millions d'euros par an. Ces montants sont d'autant plus scandaleux que, pour les institutions financières les plus importantes, ils sont en partie financés par le contribuable, comme on le verra plus en détail dans le chapitre suivant. Une rémunération moindre, de l'ordre du million d'euros annuel, serait moins déraisonnable[86]. Bien qu'étant encore élevée, elle correspondrait aux écarts de traitement observés après la Seconde Guerre mondiale et jusqu'aux années 1970, période durant laquelle l'économie mondiale était plus stable et le taux de chômage beaucoup plus faible. Chercher en permanence le plus offrant et passer d'un pays ou d'un continent à l'autre aux grés des occasions les meilleures est symptomatique de l'irresponsabilité des dirigeants concernés. Ce comportement est celui d'une star du football, déconnectée du monde dans lequel elle évolue. Assainir l'économie passe donc avant tout par la mise en place d'une mentalité inverse à celle qui prévaut aujourd'hui, avec le bien-être général, et non celui d'un groupe particulier pour objectif.

Un niveau d'endettement colossal

Poursuivons avec von Mises :

> « Une politique antilibérale est une politique de consommation du capital. Elle privilégie le présent au détriment de l'avenir ».

Le niveau d'endettement d'une société permet concrètement de déterminer dans quelle mesure sa politique privilégie effectivement l'immédiat au dépens du lendemain. Tout comme dans une famille, l'existence de dettes lèse les générations futures, lesquelles sont supposées un jour s'acquitter de la facture.

L'endettement total, c'est-à-dire celui des particuliers, des entreprises, de l'État et du secteur financier, atteignait en 2014 269% du PIB aux États-Unis et 258% en Allemagne[87]. Les autres pays développés présentent des statistiques similaires, parfois pires encore. Fin 2016, l'endettement dépassait 280% en Chine. Au niveau mondial, cet endettement était à la fin du troisième trimestre de 2017 d'au moins 300% du PIB, croissant plus vite que ce dernier. Avec la Covid-19, la situation a encore empiré. Il est difficile d'imaginer que de tels niveaux de dettes pourront un jour être remboursés. Les banques « *too big to fail* » sont également particulièrement endettées. Dans de nombreux pays comme la Grèce, l'Angleterre ou les États-Unis, les impôts sur le revenu servent désormais moins à construire des écoles, des hôpitaux ou à payer les retraites des fonctionnaires qu'à rembourser les intérêts gigantesques de la dette. Cette situation empirera plus encore si les taux d'intérêts viennent à augmenter. À titre d'exemple, le montant des intérêts sur la dette en Italie était de l'ordre de 70 milliards d'euros en 2016. Si ces taux venaient à augmenter, la situation deviendrait intenable. À titre indicatif, le budget italien de la santé est de 113 milliards d'euros. Dans un pays comme le Nigéria, l'intérêt de la dette était déjà 30 fois supérieure au budget du ministère de la santé en 2017[88].

La mise en œuvre de la doctrine néo-libérale est principalement à l'origine de cet endettement colossal. Milton Friedman : « En se concentrant sur le mauvais objectif, le déficit, plutôt que sur le bon, les dépenses de l'État, les tenants d'une politique fiscale conservatrice ont été les serviteurs inconscients des politiques dépensières »[89]. L'objectif ne devrait donc pas être de diminuer les déficits, mais les impôts. La logique néo-libérale voudrait qu'une telle diminution incite l'État à moins dépenser, à limiter ses interventions, et ce de sorte à ce qu'il réduise ses déficits. Plus de 30 années d'expérience de ce type de politique ont montré que les baisses d'impôts accordées aux foyers les plus aisés et aux grandes entreprises n'ont jamais eu l'effet escompté. Tout au contraire, les déficits ont explosé.

Dans le contexte actuel d'économie financiarisée, la dette est devenue un facteur déterminant de la croissance économique, dont la conséquence directe est de fragiliser cette dernière. Entre 2001 et 2005, l'accroissement annuel moyen de la dette publique et privée a été substantiel aux États-Unis et en Angleterre, avec des taux respectivement de 6,5% et 8,3%. Cet endettement croissant a stimulé la croissance économique, qui a été respectivement en moyenne annuelle de 2,4% et 3%. Durant cette même période, la croissance n'a été que de 0,6% en Allemagne, alors même que les dettes n'avaient augmenté que de 2,3%. La France se situe à un niveau intermédiaire, avec une croissance de 1,6% et une augmentation annuelle de son endettement de 5,1%. L'éclatement de la crise financière a mis en lumière le caractère superficiel de cette croissance. L'importance prise par la dette et les paris spéculatifs à court terme qui lui sont associés, en lieu et place de l'épargne et des investissements à long terme, sont les caractéristiques de la montée en puissance d'une finance casino et de ses dangers. Incontestablement, la politique actuelle « privilégie le présent au détriment de l'avenir ».

Quant à l'*interventionnisme* de l'État, critiqué par Friedrich Hayek, une conclusion s'impose : il est bel et bien à l'œuvre, mais afin de renflouer les institutions bancaires. Cette politique, contraire à toute logique libérale, a déjà englouti des montants considérables. Ces établissements devraient en théorie assumer leurs décisions stratégiques et aucun d'entre eux ne devrait être assuré de pouvoir échapper à une éventuelle faillite. La politique actuelle encourage la stratégie visant à atteindre une taille critique et une place incontournable au sein du système financier de sorte à bénéficier d'une protection publique en cas de coup dur.

Finalement, la main invisible d'Adam Smith est, dans la sphère financière, toujours plus inopérante. Tenter de satisfaire ses intérêts propres est globalement incompatible avec ceux de la société. Émettre des produits financiers structurés, complexes et toxiques, nuit à l'économie et au bien-être général. Les grandes banques actives dans ce domaine se comportent en pompiers pyromanes. La diffusion de ces produits, supposés réduire les risques pour le client, au contraire en génère au niveau systémique. Les paris proposés par ces établissements ne peuvent se faire qu'au détriment du client. Il ne saurait y avoir de résultat satisfaisant pour les deux parties. Logiquement, l'un des deux seulement gagnera, au désavantage de l'autre. Au vu des montants dépensés par ces banques pour en faire la promotion, on devinera aisément à qui ceux-ci profitent[90]. On l'aura compris, le secteur financier opère aujourd'hui en totale contradiction avec les principes même qu'il est censé respecter et promouvoir. Sur la base de quelques cas concrets, certaines caractéristiques saillantes de la finance casino vont maintenant être mises en lumière.

4 Les caractéristiques de la finance casino

En 1936 déjà, l'économiste John Maynard Keynes rappelait que « lorsque dans un pays, le développement du capital devient le sous-produit de l'activité d'un casino, celui-ci risque de s'accomplir dans des conditions défectueuses »[91]. La situation actuelle est pourtant pire encore, puisque les véritables acteurs de cette finance débridée, les grandes banques et les fonds spéculatifs, jouent non seulement au casino, mais qui plus est avec de l'argent qui n'est pas le leur, à savoir celui du contribuable, du retraité, du client ou de l'actionnaire.

Comme on l'a vu, plusieurs caractéristiques du secteur financier s'opposent aux principes de base du libéralisme et d'une économie de marché. Son mode de fonctionnement, tout comme les produits financiers qu'il émet, sont problématiques ; ils constituent le sujet de ce chapitre.

La bourse à la vitesse de la lumière et le poker menteur

Aux États-Unis, la durée moyenne de détention d'une action par un investisseur serait actuellement de l'ordre de quelques minutes ; en 1950, elle était encore d'environ cinq ans. L'automatisation des transactions boursières permet désormais aux banques les plus puissantes d'effectuer ces opérations en un temps record, proche de la milliseconde ou de quelques millioniėmes de seconde, à l'aide d'ordinateurs ultra puissants. Or la fonction principale de la bourse est de permettre une allocation optimale des capitaux et des risques : cette tâche n'est visiblement pas accomplie.

En théorie, la bourse doit permettre aux entreprises de se financer ; la réalité montre que c'est désormais rarement le cas. En 2011, les entreprises françaises ne s'y finançaient plus qu'à hauteur de 5,4% de leurs besoins, alors que 10 ans auparavant, ce pourcentage était encore de l'ordre de 27%. La situation est similaire en Belgique : entre 1995 et 2005, la bourse n'a contribué qu'à hauteur de 5% des sources de financement des entreprises non financières[92]. Pour un pourcentage aussi faible, il suffirait qu'elle ne soit ouverte qu'une heure par semaine[93] !

D'après Thomas Peterffy, le fondateur de la société Interactive Brokers, « la bourse est devenue un casino géant. Sauf que le fonctionnement d'un casino est plus transparent et plus facile à comprendre »[94]. Le développement des transactions à haute fréquence accentue plus encore cette tendance. Près de 50% des transactions boursières aux USA et en Europe le sont désormais à des vitesses toujours plus proches de celle de la lumière. Cette puissance numérique permet aux banques et aux sociétés de trading à haute fréquence d'annuler les ordres qu'elles ont passés quelques microsecondes auparavant ; l'objectif est d'induire en erreur les concurrents ayant également automatisé leurs transactions. La transmission d'une fausse information suivie de son annulation quasi immédiate en vue d'en tirer profit peut se révéler particulièrement lucratif pour l'institution financière concernée, mais de telles pratiques relèvent évidemment plus du poker menteur que de l'investissement responsable. Les investisseurs classiques dépourvus d'une telle puissance numérique sont les perdants du système. Incapables de suivre la cadence, ils s'acquittent au final d'une commission cachée au profit des sociétés de trading à haute fréquence ; celles-ci sont en effet en position de leur imposer un prix d'achat d'actions supérieur à celui auquel ils estimaient pouvoir les acquérir[95]. Ces sociétés perçoivent la différence entre les deux valeurs, et réalisent un gain. Elles se comportent donc comme l'un des corps constituants de l'aristocratie financière, en encaissant ce qui ressemble à un droit de passage, non plus sur les routes ou les ponts comme au Moyen Âge, mais pour l'accès aux marchés financiers. Les spécialistes qu'elles recrutent à ponts d'or se comportent en mercenaires de la guerre financière, qui se doivent d'être les meilleurs dans cette course éperdue et stérile contre le temps. L'objectif est la microseconde gagnée sur la concurrence, sans jamais se poser la question du sens de cette démarche. Quelle est donc précisément la valeur de ces mercenaires de la finance aux yeux de leurs employeurs ? Le parallèle avec la Première Guerre mondiale est là encore riche d'enseignements. L'historien Niall Ferguson[96] s'est intéressé à la question de la valeur d'un soldat durant cette période. Il l'a défini comme le coût total représenté par son élimination par l'armée adverse et en a ainsi conclu que les puissances centrales étaient plus efficaces au combat que les alliés, puisqu'elles leur en coûtaient en moyenne 11345 $ par soldat allié éliminé, contre 36485 $ par soldat allemand pour les alliés. Le soldat allemand avait donc environ trois fois plus de « valeur » que le soldat anglais ou français. Dans le cadre de la guerre financière actuelle, la valeur d'un mercenaire opérant dans une société de trading à haute fréquence est, de manière similaire, représentée par le coût qu'aurait à supporter une société concurrente pour pouvoir le « battre », ne serait-ce que d'une microseconde, dans le traitement d'un ordre financier. La valeur de ces traders est donc très importante aux yeux de leur employeur, mais pour l'économie ils représentent un coût, en raison notamment de l'impôt caché qu'ils ont contribué à mettre en place et du caractère erratique des cours boursiers qu'ils engendrent. En 2015, 300 millions de dollars ont été investis par la société Hibernia pour permettre aux transactions électroniques de gagner une poignée de millisecondes entre New York et Londres, les deux places financières les plus importantes. Un montant qui aurait été beaucoup plus utile pour lutter contre la malnutrition infantile au niveau mondial.

Pour les bourses, il est particulièrement intéressant de permettre à leurs clients que sont les sociétés de trading de recourir à de telles pratiques, puisque le total des commissions perçues est directement lié au nombre de transactions réalisées. Plus celles-ci sont effectuées à haute fréquence, plus leurs profits sont importants.

Enfin, la microseconde est sans commune mesure avec l'unité temporelle des investissements d'entreprises, qui se comptent en semaines, en mois, ou en années. L'instant est caractéristique des paris électroniques d'une finance qui contredit la logique de l'entreprise, où la notion d'investissement tend à s'effacer au profit de celle des mises du poker menteur et du profit immédiat.

Les transactions de gré à gré

La majorité des transactions financières ne sont pas réalisées à la bourse, mais traitées de *gré à gré*[97]. Ce terme recouvre des contrats passés entre deux acteurs financiers et dont les modalités ne sont connues que d'eux-mêmes. Une grande opacité résulte de cette situation, qui combinée à la complexité du système financier, accroît plus encore le risque de déclenchements de crises ou de chocs financiers[98]. Ces conditions offrent un avantage certain pour les banques systémiques, toutes impliquées à large échelle dans les transactions de ce type : le maintien de leurs statuts et de leurs privilèges, et notamment celui d'encaisser une rente de situation. Plus une banque est en effet susceptible d'en entraîner d'autres dans sa chute, plus elle accentue son caractère systémique, qui lui permet de bénéficier *in fine* d'une garantie publique financée par le contribuable.

Pour être opérationnelle, la main invisible d'Adam Smith requiert obligatoirement une économie de marché, via laquelle offre et demande agrégées se croisent, pour fixer le prix et le volume d'équilibre de manière transparente. Or, de par leur opacité, les transactions de gré à gré sont intrinsèquement incompatibles avec les principes d'une telle économie.

Quant aux produits dérivés, également principalement traités de gré à gré, le problème est plus marqué encore. Leurs prix résultent essentiellement de formules ou d'algorithmes complexes qui n'ont plus qu'un lointain rapport avec l'offre et la demande[99]. Nous voici donc confrontés au paradoxe d'une économie prônant l'esprit d'entreprise et la prise de risque, mais qui n'a jamais autant émis de produits dérivés dits « de couverture », et dont l'ampleur génère un risque systémique majeur pour l'économie.

Les devises sont elles aussi principalement traitées de gré à gré. Il s'agit là du marché financier le plus important du monde, avec des volumes journaliers moyens d'environ 5000 milliards de dollars.

Les paris de la finance casino

Les produits dérivés ont pour fonction principale de procéder à des paris à grande échelle dans le cadre de la finance casino. Les exemples sont légion, mais en voici deux :

Le premier est celui des *Credit Default Swaps* (CDS). Ce produit permet à son détenteur de s'assurer contre le risque de défaut de paiement d'une entité de référence. Pratiquement, cela signifie que si une banque craint que l'emprunt qu'elle a octroyé à une entreprise ne lui soit pas remboursé, elle peut se couvrir contre cette éventualité en achetant des CDS. En cas de défaut de paiement de l'entreprise, la banque les active. Pour cela, elle contacte l'institution financière auprès de laquelle elle les a achetés, afin que celle-ci la dédommage de ses pertes. Théoriquement, les CDS seraient donc d'utiles contrats d'assurance. Mais dans le descriptif de ces produits, il est indiqué qu'il n'est pas indispensable d'être exposé au risque sur l'entité de référence pour acquérir ces CDS. Ce qui signifie qu'une banque peut acheter des CDS relatifs à une entreprise[100] bien qu'elle n'ait pas prêté d'argent à celle-ci. Mais pour quelle raison une banque aurait-elle besoin de se couvrir contre un risque auquel elle n'est pas exposée ? La réponse est simple. Dans ce cas, il ne s'agit plus d'une assurance, mais d'un pari, et d'un pari sur le défaut ou la faillite de l'entreprise concernée. Dans la vie courante, nul ne peut acheter une assurance automobile sans au préalable posséder une voiture. Cela n'aurait d'ailleurs aucun sens. Nul n'est autorisé à en acheter une, dix, voire 100 sur la voiture de son voisin dans l'espoir qu'il ait un jour un accident ou avec le projet de saboter sa voiture. Ce serait non seulement immoral, mais également insensé d'un point de vue économique. Mais si de telles pratiques sont impossibles et interdites dans le cas des voitures, elles sont paradoxalement tout à fait autorisées dans la sphère financière par le biais des CDS[101].

Autre exemple : les contrats d'assurance vie, qui se transforment en autant de paris sur la mort[102]. Le mythe raconte que le Docteur Faust, en vendant son âme au diable, eut accès à la jeunesse éternelle. Que penser alors de ceux qui envisagent de s'enrichir en pariant sur la mort de leurs concitoyens ? À qui ont-ils vendu leur âme ? Ces questions ne sont pas de l'ordre de la théorie : il est aujourd'hui tout à fait possible, grâce à un nouvel avatar de l'innovation financière, d'investir dans les contrats d'assurance vie dont souhaitent se défaire leurs détenteurs. Aux États-Unis, ceux-ci peuvent revendre leur contrat soit à l'assureur qui l'a initialement émis, soit à une banque. Qui sont les détenteurs d'assurances vie a priori concernés et susceptibles d'être intéressés par une telle opération ? Les personnes d'un certain âge par exemple, dont les enfants sont devenus adultes, et pour lesquelles une telle assurance n'est plus nécessaire. Elles peuvent donc préférer percevoir une somme qui leur sera utile à d'autres fins. Parfois en situation de détresse financière, une telle opportunité peut également leur permettre de rembourser d'éventuelles dettes ou d'être soignées décemment.

Certaines grandes banques rachètent ainsi ces contrats, les regroupent, les diversifient, puis les titrisent – c'est-à-dire les transforment en titres financiers négociables sur les marchés –, avant de les proposer à des investisseurs. Diversifier les risques signifie par exemple associer des assurances vie émanant de personnes atteintes d'un cancer avec celles issues de malades du SIDA. Car ce qu'il s'agit de diversifier, c'est bien le risque d'une mort trop tardive. Si les assurés avaient en effet l'indécence de prolonger leur existence au-delà du raisonnable, les investisseurs ne percevraient le montant prévu dans le contrat qu'à une échéance trop lointaine. Le remboursement offert par la banque est donc fonction de l'âge de l'assuré, de son état de santé et de sa situation économique. Plus l'individu est âgé, en mauvaise santé et en situation économique délicate, plus il constitue une cible intéressante pour la banque. La variable la plus importante dans ce calcul est donc le facteur de mortalité : plus le décès intervient rapidement, plus l'investisseur est gagnant.

Ces deux exemples illustrent la nocivité des paris de la finance casino. Des produits permettant de parier sur la mort d'êtres humains fragilisés ou sur la faillite d'une entreprise ou d'un pays, sont néfastes, tant d'un point de vue moral qu'économique.

Les produits structurés trompeurs

Les produits structurés[103] constituent un autre type de paris financiers largement répandus. Pour les grandes banques, leur vente est particulièrement lucrative. Pour les clients acquéreurs de ce type de contrats, la situation est bien différente[104]. Les deux exemples suivants en attestent.

BRC (Barrier Reverse Convertible)

Ce produit est associé à un coupon élevé, de l'ordre de 8%, c'est-à-dire 8000 euros pour un capital initial de 100 000 euros. Les gains ou les pertes en capital sont déterminés par les cours de certaines actions, généralement au nombre de trois. Si aucun de ces cours ne passe en dessous d'un seuil préalablement fixé durant un an, le détenteur du produit récupère ses 100 000 euros. Si au contraire l'un des cours chute, alors le détenteur percevra bien les 8000 euros annoncés, mais ne recevra qu'une fraction du capital investi, par exemple 90 000 ou 80 000 euros. Il s'agit donc d'un produit complexe et risqué en raison de la forte probabilité de baisse d'au moins un des trois cours. Seul le niveau élevé du coupon peut partiellement dédommager son détenteur. Ce produit rappelle les *junk bonds*, ou « obligations pourries », des années 1970, avec une différence de taille : sa note. En effet, le BRC est bien noté par les agences de notation (le plus souvent A+ ou AA), induisant ainsi le client en erreur. En octobre 2013, des clients de la banque suisse Raiffeisen ont subi des pertes importantes avec un produit présentant de grandes similarités avec un BRC. Cette situation s'est produite à la suite du décrochage de l'une des actions (Zurich Insurance Group) composant le panier, en fin de journée du dernier jour de la période considérée : la valeur de l'action est précisément tombée en deçà du seuil critique. Les clients qui se portent acquéreurs de ce type de produits structurés s'exposent à un risque majeur de manipulation des cours.

Doublo, un produit proposé par les Caisses d'Épargne en France

Le panier est ici constitué d'une douzaine d'actions. Si en l'espace de six ans aucun des 12 cours ne chute, alors le capital double. Mais il suffit que l'un d'entre eux présente une baisse notable durant cette période pour que le client ne récupère que son investissement initial à échéance du contrat. Les fonds du client apparaissent donc sécurisés, raison pour laquelle ce produit est dit « à capital garanti » et qu'il est très peu régulé. En réalité, les 267 000 épargnants qui en ont fait l'acquisition ont été lésés[105]. Non seulement aucun n'a vu son capital doubler après six ans, mais bien au contraire, frais de gestion inclus, ils ont enregistré des pertes comprises entre 2 et 6% de leur investissement. C'est donc en réalité la perte qui était garantie. Les Caisses d'Épargne ont vendu ce produit dans un format assurance vie en six vagues entre 2001 et 2002, et ont ainsi collecté un investissement d'environ 2,1 milliards d'euros.

Ces deux exemples illustrent à quel point le client peut être abusé. S'il n'a qu'une compréhension superficielle du concept de diversification, il est susceptible de penser que plus le nombre d'actions est élevé, plus l'investissement sera diversifié et par conséquent sécurisé. Or, c'est précisément le contraire qui se produit. Plus le nombre d'actions est élevé, plus il est probable qu'au moins l'une d'entre elles chute. Les produits structurés, dont les encours au niveau européen s'élevaient en 2016 à approximativement à 600 milliards d'euros[106], et en 2017 au niveau suisse, à 275 milliards de francs[107], constituent un danger réel pour les particuliers, les caisses de retraites et les collectivités locales. Paradoxalement, les gouvernements laissent faire.

Le secteur bancaire ne joue plus son rôle

Le secteur bancaire n'exerce pas réellement sa mission de moteur de l'économie. En France, en Allemagne et en Angleterre, les montants alloués par les banques aux crédits pour les entreprises non financières ne correspondaient en 2012 qu'à un faible pourcentage de leur bilan, à savoir respectivement 12%, 18% et 5%[108].

En dépit de la politique de taux d'intérêt très faibles pratiquée par la BCE afin de relancer la machine économique, de nombreuses entreprises rencontrent des difficultés pour obtenir des financements de la part des banques. Par exemple, de fin 2014 jusqu'à début 2017, le volume de crédits octroyés par les banques aux entreprises n'a augmenté dans la zone euro que de 0,27%, ce qui est ridiculement faible[109]. En mars 2016, le principal taux directeur[110] est devenu nul ; il l'est encore fin 2019. Le taux de dépôt, qui a trait aux placements effectués par les banques commerciales sur leur compte à la BCE, est même négatif (−0,5%). La marge de manœuvre de la BCE est donc désormais plus que réduite. En dépit de cette situation qui devrait être propice au développement du crédit aux entreprises, le comportement des grandes banques freine considérablement le développement de nouvelles activités économiques ou technologiques, et ne laisse dès lors guère entrevoir de véritable baisse du sous-emploi.

Le secteur bancaire est dominé par les établissements « *too big to fail* », dont certains présentent un bilan dépassant largement le 100% du PIB du pays dans lequel ils siègent. Ces banques hypertrophiées font courir des risques considérables aux pays concernés en cas de faillite. En 2017, le total du bilan d'UBS et du Credit Suisse correspondait respectivement à 119% et à 137% du PIB suisse[111]. Le bilan de HSBC était quant à lui proche du montant du PIB anglais. Les bilans additionnés des quatre plus grandes établissements français, à savoir BNP Paribas, Société Générale, le groupe BPCE et Crédit Agricole, représentaient 317% du PIB national. En Islande, le total du bilan des trois plus grandes banques était équivalent à 14 fois le PIB national avant leur faillite en 2008.

La réalité est plus vertigineuse encore lorsque l'ensemble des activités de ces institutions, et non uniquement celles correspondant à leur bilan, est considéré. Le « hors-bilan »[112] est en effet gigantesque, de l'ordre du multiple du bilan chez les plus grandes banques internationales. Bien que difficile à estimer précisément en raison de l'opacité qui le caractérise, son ordre de grandeur peut être déduit en considérant l'encours de produits dérivés figurant hors-bilan. En 2017, la valeur nominale des produits dérivés traités par Crédit Suisse, c'est-à-dire son volume d'activité de la banque en lien avec ces produits financiers, était de quelques 28,8 mille milliards de francs suisses, soit 36 fois le total de son bilan et 687 fois le montant de ses capitaux propres (41,9 milliards de francs). Ou encore 43 fois le PIB suisse (668,2 milliards de francs) ou 37,3% du PIB mondial[113]. Une véritable folie des grandeurs ! Les activités de couverture, justifiables économiquement, représentaient moins de

1% de ce montant astronomique, le reste étant exclusivement dévolu aux activités de finance casino[114]. Le volume d'activité de l'UBS sur les produits dérivés correspondait en 2017 à 18,5 mille milliards de francs, c'est-à-dire à 20 fois le total de son bilan, à 361 fois ses capitaux propres, qui se montaient à 51,2 milliards de francs, à environ 28 fois le PIB suisse et à 24% du PIB mondial[115]. En France, la situation n'est guère différente : le volume d'activité sur les produits dérivés représente 11 fois le PIB français pour BNP Paribas, 7 fois pour Crédit Agricole et 8 fois pour Société Générale. Pour ces trois fleurons français, les produits dérivés représentaient respectivement 11,6 ; 13,6 et 9,2 fois le total du bilan, et 224 ; 292 et 247 fois celui des capitaux propres[116].

En ce qui concerne la Deutsche Bank, ce volume représentait en 2017 environ 48 265 milliards d'euros[117], soit 33 fois le total de son bilan, 708 fois ses capitaux propres, qui atteignait 68,1 milliards d'euros, 15 fois le PIB allemand ou de l'ordre des deux tiers du PIB mondial ! Comment alors estimer que la situation est sous contrôle ?

L'obligation faite au contribuable de renflouer les grandes banques en situation délicate accentue plus encore le problème : dégagées de leurs responsabilités, ces institutions accroissent plus encore le risque de leurs engagements, et le volume de leurs activités hors-bilan. Grâce à la garantie publique implicite qui leur est allouée, elles peuvent par ailleurs se financer à des taux inférieurs à ceux du marché. Non exposées au risque de faillite, elles apparaissent d'autant plus attrayantes aux yeux des investisseurs et bénéficient de subventions qui se chiffrent en milliards d'euros. Pour la période 2011-2012, celles-ci représentaient aux États-Unis et selon le FMI[118] un montant total d'environ 50 milliards de dollars. Tout comme en Suisse où, à titre de comparaison, la contribution du secteur financier au PIB était en 2013 de 36 milliards de francs[119], lorsque les subventions allouées à l'agriculture durant cette même période n'étaient que de l'ordre de 7 milliards de francs par an.

Toujours selon le FMI et durant les mêmes deux années, au Japon et en Angleterre, la rente dont ont bénéficié les grandes banques aurait été d'environ 110 milliards de dollars et de 300 milliards de dollars dans l'ensemble de l'Union européenne. Autant d'encouragements additionnels à entreprendre des activités risquées.

La liste des avantages dont les grandes banques disposent ne s'arrête pas là : elles ont également la possibilité de constituer une « *bad-bank* »[120] si les risques se concrétisent. Quel autre secteur d'activité dispose de tels privilèges ? Imagine-t-on un boulanger, un restaurateur ou une entreprise être autorisés à camoufler hors-bilan des activités potentiellement risquées et créer une « bad-boulangerie », un « bad-restaurant » ou une « bad-entreprise » pour échapper à une éventuelle insolvabilité, et ce aux frais du contribuable ? Combien de grandes banques seraient déjà en faillite sans ces multiples passe-droits ?

Enfin, la possibilité de déduire les pénalités de leurs impôts, ne serait-ce que partiellement, constitue une autre des largesses accordées aux grandes banques[121]. À l'instar de Crédit Suisse, à qui il a été infligé une amende de 2,8 milliards de francs en 2014 par un tribunal américain. Ou de BSI (Banca della Svizzera Italiana), qui a permis à des milliers de richissimes clients américains de pratiquer l'évasion fiscale, et qui est parvenue à déduire de ses impôts une partie des 211 millions de dollars d'amende dont elle a dû s'acquitter aux États-Unis en 2015[122]. Ce qui n'a pour autant pas permis à BSI d'assurer sa survie : sa licence bancaire lui a été retirée quelques mois plus tard par la FINMA (Autorité Fédérale de Surveillance des Marchés Financiers) suite à de graves malversations financières. Une déduction fiscale à hauteur de 1,7 milliard d'euros aurait également été accordée à la Société Générale, après l'affaire Kerviel. De telles déductions constituent des privilèges injustifiables.

Ces pratiques concourent bien évidemment à la montée en puissance du secteur financier au sein de l'économie. Une étude de l'École polytechnique fédérale de Zurich EPFZ a montré qu'en 2007 147 entreprises contrôlaient près de 40% de l'économie mondiale. Quelque 98% des 50 premières entreprises appartiennent au secteur financier. Une majorité d'entre elles, « *too big to fail* », ont au moins une fois bénéficié d'un soutien financier étatique[123].

Le leurre des stress tests

Les *stress tests* ont pour objectif d'évaluer la solidité du secteur bancaire. Ils reposent sur deux types de scénarios : l'un standard, l'autre critique. Ces tests posent question, ne serait-ce parce qu'aucun de ceux réalisés avant les phases les plus aigües de la crise n'a généré d'alerte. L'exemple le plus remarquable est sans doute celui de l'Islande. Les tests menés en août 2008 auprès des quatre banques principales du pays sont apparus très rassurants, comme s'en est alors fait écho Jonas Jonsson, le directeur général de la *Financial Supervisory Authority* : « Les résultats des *stress tests* indiquent que les ratios financiers des banques sont solides et que celles-ci peuvent résister à des chocs financiers considérables ». Deux mois plus tard, trois de ces banques déclaraient faillite suite à des manipulations de cours boursiers[124] et des malversations diverses, avant d'être finalement nationalisées.

L'Irlande a connu une situation similaire : trois de ses grandes établissements (Allied Irish Bank, Anglo Irish Bank et National Irish Bank) ont passé avec succès les tests de résistance en juillet 2010, laissant penser que leur situation financière était des plus saine. Il n'en était rien. En novembre de la même année, toutes trois se sont trouvées dans une situation de banqueroute virtuelle et n'ont dû leur salut qu'au plan de sauvetage mis en place par l'Union européenne, la BCE et le FMI.

Au printemps 2009, des *stress tests* ont également été conduits aux États-Unis. Avec à nouveau un biais notable, puisque leurs hypothèses ont été élaborées de sorte à ce que dans le scénario dit défavorable ces tests ne génèrent aucun résultat catastrophique. Si tel avait été le cas, l'effet aurait pu être dévastateur en accélérant plus encore le processus. Les hypothèses des modèles utilisés pour ces *stress tests* se devaient donc d'être formulées de sorte à ce que les résultats, tout en mettant en lumière d'éventuelles faiblesses du système, ne fassent état que des problèmes mineurs et aisément solubles. Les hypothèses contribuent donc à forger la réalité. Que leurs conclusions confirment les espoirs de reprise et celle-ci se verra soutenue, ne serait-ce qu'à court terme ; qu'elles viennent les infirmer et les déséquilibres risqueront de s'approfondir. Selon un document émanant du *Board of Governors of the Federal Reserve System*[125], le scénario défavorable doit « refléter des conditions graves mais également plausibles ». Ce qui en d'autres termes signifie que, selon cette institution coresponsable de la mise en œuvre des *stress tests*, un scénario catastrophique n'est par principe pas plausible. Comment prétendre mener des tests de résistance fondés alors que la possibilité même de chocs graves est exclue d'emblée ?

Pour les 19 banques concernées par les tests, la survalorisation de leurs produits financiers toxiques ainsi que le transfert d'actifs douteux dans des structures hors-bilan leur ont permis de présenter des conclusions rassurantes. Les résultats de ces évaluations, hautement politiques, ont bien entendu été en droite ligne avec les messages que l'administration souhaitait envoyer pour restaurer la confiance des marchés. Selon Timothy Geithner, alors Secrétaire au Trésor, aucune de ces banques ne présentait de risque d'insolvabilité. Pour le Président de la Réserve Fédérale, Ben Bernanke, ces résultats étaient la preuve de la confiance que les investisseurs et les citoyens américains se devaient d'accorder à leurs banques. Le message implicite était qu'en cas de problèmes financiers sérieux rencontrés pour ces établissements, l'État, c'est-à-dire le contribuable, les renflouerait.

Des tests similaires ont été menés en Europe en 2010, et les résultats annoncés en juillet de cette même année. Selon la Banque de France et l'Autorité de contrôle prudentiel[126], « le scénario adverse, déjà extrêmement pessimiste, a été aggravé avec des hypothèses très dures d'un choc sur les expositions souveraines détenues dans le portefeuille de négociation des banques et des crédits au secteur privé enregistrés dans le portefeuille bancaire ». Or, peu de temps après la publication de ces résultats, le scénario « adverse, extrêmement pessimiste » et même « aggravé » était déjà en deçà de la réalité de certains des pays européens, et ce précisément car il excluait la possibilité de défauts souverains, c'est-à-dire de l'insolvabilité des États européens suite à l'intégration des pertes des banques du secteur privé dans les comptes publics. Les obligations souveraines résultant de l'emprunt d'un État européen ont longtemps été considérées comme des actifs exempts de tout risque de défaut. On peut rétrospectivement s'interroger sur les motifs ayant amené à considérer que, même dans le pire des scénarios, la situation financière de pays comme la Grèce, le Portugal, l'Italie, l'Irlande ou l'Espagne ait été sous contrôle. Il n'est donc guère surprenant que, sur la base de telles hypothèses, les résultats des tests soient apparus comme rassurants.

En 2011, de nouveaux tests de résistance ont été menés en Europe. Les hypothèses initiales ont été similaires à celles de 2010, et ont exclu qu'un pays européen, comme la Grèce, puisse faire défaut. Quelques semaines après l'annonce des bons résultats obtenus, de nouvelles turbulences sont venues ébranler l'Europe. Les cours boursiers des banques tout juste déclarées solides se sont soudainement effondrés. L'action de la Société Générale chutait de 27% pendant les deux premières semaines du mois. Entre le 1er juillet et le 12 septembre 2011, les trois fleurons français, BNP Paribas, Crédit Agricole et Société Générale perdaient plus de 50% de leur capitalisation boursière.

En octobre 2014, la BCE a présenté les résultats de nouveaux *stress tests* menés en Europe pour analyser la situation de 130 des plus grandes banques continentales au 31 décembre 2013. 25 établissements ont échoué, mais 12 d'entre eux auraient cependant réussi à améliorer leur situation financière entre fin décembre 2013 et fin octobre 2014 en procédant à des recapitalisations. Conclusion : 90% des institutions testées ont passé l'épreuve avec succès. 10%, soit seulement 13 des 130 banques restaient en situation de fragilité et se devaient d'accroître leurs fonds propres. L'annonce de ce résultat n'est en réalité rien d'autre qu'un élément de communication. Deux ou trois pourcent d'échec aurait laissé penser que la procédure était trop laxiste ; inversement, 20% d'échec aurait été perçu comme un signal de fragilité inquiétant. La liste des recalés répond du même registre communicationnel : aucune des grandes banques allemandes ou françaises n'y figure. Quelle chance pour BNP Paribas que la gigantesque amende de près de 8,8 milliards de dollars dont a elle dû s'acquitter aux États-Unis concernait une période ultérieure au 31 décembre 2013 !

Ces tests en théorie plus stricts que les précédents se sont cependant une nouvelle fois basés sur un scénario défavorable relativement optimiste. Le risque de déflation de la zone euro en a été exclu, tout comme celui de défaut d'un pays européen ; quant à l'hypothèse la plus sombre, c'est celle d'un taux de chômage grec à 21,6% pour 2016 qui a été retenue. Ces termes auraient en réalité dû être ceux de l'hypothèse dite favorable, puisque celui-ci a atteint 24,9% et 23,1% au premier et au deuxième trimestre de cette même année en Grèce.

Parmi les banques évaluées, 76 d'entre elles possédaient moins de 5% du total de leurs actifs sous forme de fonds propres. Parmi celles-ci, 20 étaient allemandes (dont la Deutsche Bank), 10 françaises (dont les fleurons nationaux BNP Paribas, Crédit Agricole et Société Générale), 10 espagnoles et 10 italiennes. Or, une banque possédant moins de 5% de fonds propres devient insolvable dès que ses pertes dépassent ce seuil[127]. La survenue d'une telle situation est donc tout à fait vraisemblable, et peut devenir réalité à la suite d'amendes importantes ou d'une chute de la valeur des actifs détenus. L'insolvabilité de l'une de ces banques entraînerait alors des faillites en cascade, en raison des liens financiers qui unissent étroitement ces établissements. Les résultats de ces tests de résistance ne résistent donc pas *in fine* à l'analyse de la situation.

De manière générale, ces résultats, obligatoirement rassurants, et leur publication généralement peu de temps avant une nouvelle tourmente financière, illustrent l'incapacité de la plupart des modèles utilisés à véritablement appréhender le caractère risqué des banques systémiques. Une évidence s'impose : la profitabilité de ces banques n'est qu'apparente, puisqu'elle n'est due qu'aux garanties et aux subventions publiques diverses dont elles bénéficient.

Ces tests de complaisance n'ont guère de valeur, et personne n'est dupe. Il faudrait en effet faire preuve d'une immense naïveté pour estimer que, grâce aux financements publics engloutis par le système bancaire, la situation soit désormais sous contrôle.

Les agences de notation et le conflit d'intérêt

Dans une économie reposant sur des marchés financiers efficients et transparents, les agences de notation ne devraient jouer qu'un rôle accessoire et limité. Les prix des obligations devraient être un indicateur suffisant, reflétant objectivement l'ensemble des informations pertinentes associées. Dans l'absolu, toute note serait même superflue. La simple existence même de ces agences et le rôle qui leur est dévolu sont symptomatiques des dysfonctionnements d'une économie dite de marché.

Historiquement, ces agences ont été créées à la fin du 19e siècle et au début du 20e pour permettre aux investisseurs de mieux appréhender les risques et les rendements associés aux nouvelles technologies de l'époque, comme le chemin de fer. Aujourd'hui, plutôt que de se concentrer sur les nouvelles technologies et le risque de défaut associé aux dettes de ce secteur, les agences prétendent étudier la qualité de l'ensemble des obligations émises tant par le secteur public que privé. Cela amène deux commentaires : d'une part, une analyse sérieuse du secteur informatique aurait été particulièrement utile pour éviter ou limiter la bulle internet de 2001. Au lieu de cela, les agences se sont discréditées avant la crise financière en octroyant les meilleures notes aux plus douteux des produits financiers associés à des créances. D'autre part, ce rôle dévolu aux agences de notation indique qu'aujourd'hui le processus de transformation de simples créances en titres financiers, dit de titrisation, est déterminant et d'une complexité démesurée.

Pour cela, de grandes banques créent des fonds communs auxquelles elles revendent leurs créances. En allégeant de la sorte leur bilan, elles se délestent d'un risque de crédit jugé excessif. Ces créances sont dès lors assemblées et transformées en titres financiers[128] avant d'être vendues à des investisseurs suffisamment crédules pour penser qu'une bonne note est synonyme de qualité. Ces fonds communs de créances et les nouveaux actifs financiers qui en émergent accroissent considérablement la complexité du secteur financier et justifient implicitement l'existence des agences de notation. Une simplification de ce secteur réduirait donc considérablement l'influence de celles-ci.

Les notes qu'elles émettent constituent par ailleurs autant de moyens de pression sur les pays pour les pousser à mettre en œuvre les mesures souhaitées par les marchés financiers. S'ils n'obtempèrent pas, ceux-ci prennent alors le risque que les prévisions associées à ces notes se réalisent. Les agences sont en effet si puissantes que leurs prophéties peuvent devenir réalité.

Certaines entreprises peuvent également se trouver en situation de contrainte, comme le montre le cas du réassureur d'Hannover Re: à la fin des années 1990, cette société était sous contrat avec les agences de notation Standard & Poor's et A. M. Best. L'agence Moody's souhaitait également traiter avec Hannover Re, mais l'assureur a décliné son offre. Moody's l'a donc évalué durant les trois années qui ont suivi avec une note toujours plus mauvaise que celle émise par Standard & Poor's afin de mettre le réassureur sous pression (le cours de l'action chuta de 10%[129]) et tenter ainsi de le faire revenir sur sa décision.

Il convient également de préciser que de grandes banques et des fonds spéculatifs sont à la fois actionnaires et clients des agences de notation. Cette situation engendre d'intenses conflits d'intérêts, incompatibles tant avec un fonctionnement performant des marchés financiers qu'avec les principes même d'une économie libérale. Cette situation questionne l'objectivité et le sérieux de ces systèmes de notation et ce d'autant que, selon différentes sources, l'établissement d'une note ne requiert en moyenne guère plus que deux à trois heures de travail[130].

Les manipulations des taux d'intérêt

Le Libor (London Interbank Offered Rate) est la référence internationale de contrats financiers dont le montant total atteint environ 350 000 milliards de dollars[131]. C'est dire s'il est essentiel au fonctionnement de la finance internationale. Le Libor est notamment très utilisé lorsque des particuliers s'endettent pour acheter un appartement ou une voiture. Dans une économie de marché, sa détermination devrait provenir d'un mécanisme de marché. Or, ce n'est pas le cas. Le principe en est le suivant : une douzaine de banques indiquent chaque jour à 11 h à Londres à quel taux elles se refinancent, et ce pour cinq devises et sept échéances différentes. Le Libor résulte d'une moyenne de ces données, dont sont exclus les niveaux les plus bas et les plus élevés. En 2007, alors que le crédit interbancaire était devenu presque inexistant, le Libor se déterminait principalement sur la base de d'informations invérifiables.

Manipuler le Libor ou tenter de le faire présente en effet plusieurs avantages : d'une part optimiser les gains sur les produits dérivés (les flux financiers associés aux produits dérivés de taux d'intérêt[132] sont souvent liés au Libor), d'autre part, tenter d'améliorer la réputation de son établissement bancaire en affichant un faible taux de financement (preuve d'une bonne solvabilité). Selon le rapport du *Financial Services Authority* à Londres, la banque Barclays a effectué entre 2005 et 2009 pas moins de 257 tentatives de manipulation sur le dollar-Libor, le yen-Libor et l'euribor[133]. UBS a quant à elle réalisé, entre 2005 et 2010, plus de 1000 de ces tentatives. Elles ont impliqué plus d'une trentaine de personnes réparties dans différents services et divers pays. Certains membres de la direction auraient même encouragé de telles opérations[134].

UBS a rémunéré des traders externes à hauteur de 15000 livres par trimestre pour l'aider à coordonner les manipulations avec d'autres banques. Ces malversations requièrent en effet une certaine coopération[135] : une institution ne peut, à elle seule, arriver à ses fins puisque le Libor résulte d'une moyenne de données issues de différentes banques. Une douzaine d'entre elles sont en réalité soupçonnées d'avoir participé à ces tentatives de manipulations. UBS a dû s'acquitter auprès des instances de régulation américaine, anglaise et suisse d'une amende d'un montant de 1,4 milliard de dollars. En décembre 2013, elle a par ailleurs échappé à une amende record de 2,5 milliards d'euros infligés par la Commission Européenne. Elle a reconnu sa fraude et le rôle essentiel qui fut le sien. Aussi incompréhensible que ceci puisse sembler, le verdict fut l'acquittement. Frauder, puis le cas échéant dénoncer rapidement ses propres turpitudes ainsi que celles de ses partenaires (c'est-à-dire avant que d'autres institutions impliquées ne le fassent) parait être une stratégie gagnante. Les grandes banques génèrent ainsi des gains importants tant que la fraude n'est pas repérée et évitent les pénalités dans le cas contraire. UBS a cependant dû s'acquitter d'autres factures dans le cadre de ce scandale. Selon la *Neue Zürcher Zeitung*, elle aurait dépensé environ 100 millions de francs suisses en coûts d'analyse interne et de contrôle de millions de données. Ces tâches ont entre autres requis l'implication de plus de 400 avocats[136].

La Société Générale, ainsi que la Deutsche Bank sont aussi impliquées dans ces manipulations. Cette dernière a dû s'acquitter d'une amende de 2,5 milliards de dollars[137]. Depuis le début du scandale, plusieurs banques ont dû régler des amendes, et ce pour un total de 7 milliards d'euros à comparer aux gains qu'elles auraient réalisés grâce à ces manipulations : de l'ordre de 23 milliards de dollars. La facture globale comme les peines judiciaires demeurent ainsi bien limitées. Il est fort à parier que les autorités compétentes ont délibérément préféré limiter l'ampleur du scandale plutôt que d'accroître ce qu'elles ont sans doute perçu comme un risque systémique. Le « *too big to fail* » s'est ainsi doublé d'un « *too big to jail* », c'est-à-dire d'un refus de condamner à des peines de prison les directions bancaires impliquées dans ces pratiques.

Rappelons également la politique monétaire suivie par la plupart des banques centrales et décrite au chapitre 2, qui a consisté en l'achat de montants gigantesque d'obligations émanant d'États souverains. Les taux d'intérêt négatifs sont la conséquence directe de cette politique. En janvier 2020, au niveau mondial, la valeur des obligations présentant des rendements négatifs était de l'ordre de 13 mille milliards de dollars[138] et correspondait à environ un tiers de la dette publique. C'est dire si ce phénomène est loin d'être négligeable. Le taux d'intérêt est le prix de l'argent : qu'un prix soit négatif et qu'il le demeure aussi longtemps ne peut résulter que d'une manipulation à grande échelle du marché, à savoir ici celui du marché obligataire. Les banques centrales en sont les acteurs directs et les véritables responsables. Lorsque les taux remonteront, les pertes se chiffreront en milliers de milliards de dollars pour les détenteurs d'obligations[139].

Les manipulations des cours de devises

Tout comme le Libor, le marché des devises lui aussi a été manipulé. Il aurait d'ailleurs été surprenant qu'il en soit autrement. Ces malversations ont été effectuées entre 2008 et 2013, et révélées en novembre 2014. Six grandes banques sont impliquées : Bank of America, Citibank, HSBC, JPMorgan Chase, Royal Bank of Scotland et UBS. Un montant total de pénalité de 774 millions de francs a été prononcé par les autorités compétentes des États-Unis, de l'Angleterre et de la Suisse, sous forme d'amendes ou de restitution des bénéfices liés à ces malversations. UBS doit plus particulièrement s'acquitter en Suisse de 134 millions de francs, correspondant uniquement au montant des gains générés par ces manipulations. Cette somme n'a donc pas véritablement valeur d'amende, et la situation est idéale pour la banque. Si les malversations ne sont pas détectées, les gains sont perçus. Sinon, ils sont remboursés. Exactement comme si l'on se contentait de demander à un cambrioleur de restituer les objets dérobés. Cela ne pourrait que l'inciter à recommencer. UBS possède une commission chargée de la gestion des risques et de leurs effets potentiels en termes de perte de réputation. Les membres de cette commission sont grassement payés pour effectuer ce travail : pas moins de 500 000 francs par an. Ils n'ont manifestement pas traité le cas spécifique des manipulations des cours par leur employeur avec l'attention qu'il méritait, car les risques associés ont dû leur apparaitre limités et non prioritaires. La situation est loin d'être assainie, puisque huit des plus grandes banques mondiales risquent dans un proche avenir de devoir s'acquitter de plusieurs milliards d'euro d'amende pour des manipulations de cours de devises[140].

En guise de conclusion, rappelons que le marché est central dans l'argumentation libérale. Il a pour objet, au travers du mécanisme de formation des prix, d'organiser l'économie de manière efficace. Dans le cas particulier des marchés financiers, qui constituent aujourd'hui le système nerveux de l'économie, ce mécanisme est défectueux. Dans le contexte de l'actuelle finance casino, où de puissants acteurs sont en mesure d'influencer ou de manipuler les cours boursiers à leur guise, les cours financiers ne sauraient véritablement représenter les valeurs fondamentales des actifs. Les marchés ne sont plus à même d'exercer la fonction qui est supposée être la leur, à savoir de permettre une allocation optimale des capitaux et des risques. Lorsque les capitaux sont utilisés à des fins de paris plutôt que d'investissements, ils perdent leur caractère productif, et par conséquent leur nature de capital.

Le secteur financier est ainsi devenu étranger à l'esprit d'entreprise. La financiarisation de l'économie contredit les principes essentiels du libéralisme sur lesquels ce secteur prétend reposer. Au sein de la sphère financière, la main invisible d'Adam Smith est de plus en plus inopérante, dans la mesure où chercher à satisfaire des intérêts particuliers génère un risque systémique et nuit donc au bien-être général. C'est désormais la main du croupier de la finance casino qui ramasse la mise, pour le compte des banques systémiques et des fonds spéculatifs.

5 La naissance de l'homo-financiarius et l'asservissement des élites

Le constat établi, la question se pose alors du rôle des élites politiques et économiques dans le débat. Leur manque de vision est hélas criant, leurs interventions se résumant trop souvent à la pratique de la langue de bois sur les plateaux télévisés. La faillite du système n'est pas leur centre d'intérêt. Elles sont d'ailleurs nombreuses à propager l'idée selon laquelle la crise serait terminée, comme devrait en témoigner l'augmentation des cours boursiers constatée ces dernières années. Nier l'existence du problème est sans doute le meilleur moyen d'éviter d'être confronté à sa réalité. Comme on l'a vu, la reprise est artificielle et principalement due aux injections massives de liquidités par les banques centrales tout comme à l'endettement massif des États. Mais la doxa selon laquelle le système actuel est indépassable, alors qu'il est précisément à la source du problème, reste prédominante.

Quant au monde académique, il ronronne. La plupart des cercles d'économistes qui en émanent sont en orbite autour du pouvoir, et nombre de leurs membres aspirent à devenir « conseiller du prince ». Parallèlement, les grandes banques financent diverses chaires universitaires, exerçant ainsi leur influence sur les professeurs et les chercheurs, ainsi que sur les étudiants par le biais de prix accordés à leurs mémoires de fin d'études. Elles procèdent également à de nombreuses donations pour l'organisation et la tenue de conférences en économie ou en finance. Tout ceci constitue un coût caché pour le monde académique. Non seulement il se fait complice de blanchiment d'image d'institutions à la réputation sulfureuse, mais également le héraut de la pensée de l'École de Chicago, qui prône une dérégulation débridée des marchés supposée induire un système économique efficace et une hiérarchie naturelle de gagnants et de perdants. Cette école de pensée, ainsi confortée dans l'exercice du monopole des idées et des concepts économiques dans le monde académique, exerce une véritable influence sur la plupart des cénacles économiques et des gouvernements[141]. Les rares voix discordantes questionnant ces principes sont rapidement marginalisées.

Pour certains économistes, la crise pourrait même présenter des effets positifs grâce au processus de « destruction créative », qui tout en supprimant des emplois en génèrerait de nouveaux. S'il est indéniable que le processus de destruction fonctionne pleinement, son pendant « création » est quant à lui beaucoup moins évident. Au niveau international, près de 30 millions d'emplois ont été effacés en raison de la crise ; la création massive de nouveaux postes de travail stables (supposés apparaître dans le sillon des nouvelles technologies ou des nouveaux modes de production) reste à l'heure actuelle une réalité peu tangible, loin s'en faut.

Cette théorie n'est pas sans rappeler certaines opinions en vigueur avant la Grande Guerre[142], qui estimaient celle-ci comme nécessaire et « purificatrice ». Comme le rappelle Heinrich Mann, « certains, pour ne pas dire la plupart, en avaient profondément assez » et se réjouissaient du conflit à venir comme d'une véritable « promesse de renouveau »[143].

Bien avant 1914, Dostoïevski déclarait en 1877 dans son *Journal d'un écrivain* :

> Alors, il est évident que la guerre aussi sert à quelque chose, elle est salubre, elle soulage l'humanité. C'est indignant, si on y réfléchit abstraitement [loin de la réalité concrète], mais dans la pratique il résulte, semble-t-il, que c'est ainsi, et c'est exactement parce que pour un organisme contaminé même une chose aussi bénéfique que la paix, se convertit en nuisance[144].

Tout aussi révélateur est ce que Nietzsche écrit dans *Ainsi parlait Zarathoustra,* en 1883 :

> Vous devez aimer la paix comme moyen de futures guerres. Et aimer la paix brève plutôt que longue...

> Vous dites qu'une bonne cause sanctifie aussi la guerre? Je vous dis: la bonne guerre sanctifie toute cause. La guerre et le courage ont fait plus de grandes choses que l'amour du prochain[145].

Ces mots font échos à ceux de *Humain, trop humain* (1878) dans lequel il estime que d'une guerre « l'homme en sort plus fort pour le bien comme pour le mal »[146]. Ces propos contrastent avec ceux de Blaise Cendrars qui, après avoir participé à la Première Guerre mondiale, écrit dans *La Main coupée*:

> Mourir pour la patrie est le sort le plus beau… n'est-ce pas? Vous croyez-vous au théâtre, Monsieur? Avez-vous perdu le sens de la réalité? Vous n'êtes pas au Français[147] [Théâtre de la Comédie Française], ici. Et savez-vous ce qui se cache sous cet alexandrin? La guerre est une ignominie. Tout au plus ce spectacle peut-il satisfaire les yeux, le cœur d'un philosophe cynique et combler la logique du pessimisme le plus noir. La vie dangereuse peut convenir à un individu, certes, mais sur le plan social, cela mène directement à la tyrannie, surtout dans une république menée par un sénat de vieillards, une chambre de bavards, une académie de m'as-tu-vu, une école de généraux…[148]

La Grande Guerre et celles qui l'ont suivie n'ont pas vu l'apparition du surhomme *sujet* de son destin et de l'Histoire, cher à Nietzsche, mais plutôt la montée en puissance de la pâle figure de l'*homo-economicus*, à la recherche permanente de l'optimisation de ses gains, et devenu à la fois déterminé et *objet*. Avec la prise du pouvoir par le néo-libéralisme dans les années 1980, il a muté et s'est transformé en *homo-financiarius*, créature prédatrice, nuisible à la société, caractérisée par un profond immoralisme et une propension à l'accumulation sans limites de richesses. D'ailleurs selon Milton Friedman, la seule responsabilité sociale de l'entreprise est d'accroître ses profits et de créer de la valeur pour les actionnaires[149]. Le surhomme devait dépasser les valeurs judéo-chrétiennes, mais l'*homo-financiarius* a suivi le chemin inverse : les siennes ne sont que financières et il est prêt à tout y parvenir. Max Weber a autrefois analysé le rôle joué par la religion protestante dans le développement du capitalisme, basé sur l'épargne et l'investissement. Aujourd'hui, les marchands du Temple et les adorateurs du veau d'or ont pris le pouvoir. Ils sont les grands prêtres d'un culte dévoyé où le cynisme est la principale qualité requise. Lloyd Craig Blankfein, directeur de la banque Goldman Sachs et faux prophète devant l'Éternel n'a-t-il pas déclaré en 2009 qu'il « accomplissait l'œuvre de Dieu » ? Les marchés financiers sont l'incarnation de cette nouvelle religion, et l'*homo-financiarius* les adore tout autant qu'il les craint. L'argent est son idole et son fétiche. Ses salles de culte sont les casinos en lesquels se sont transformées les salles de marché, son paradis est l'instant d'éternité procuré par les bonus illimités. Son mythe est celui de la main invisible, censée permettre un fonctionnement idéal des marchés. Son langage n'est que trop souvent un substrat abscons, drapé dans les habits de la science, qui impressionne le croyant plus qu'il ne le convainc. Comme le latin, pour l'église catholique romaine d'avant le concile Vatican II, ce langage hermétique est réservé aux initiés. Il permet d'élaborer un rite, une communication basée sur un support mystérieux et indéchiffrable pour le commun des mortels. Quant au trafic des indulgences, le voici ressuscité, sous une forme nouvelle. L'État est aujourd'hui contraint de s'acquitter de sommes colossales pour subventionner et renflouer les mastodontes financiers, et ainsi gagner l'indulgence des marchés et l'accès à de futurs prêts. L'épargne et l'investissement se sont transformés en dettes et paris douteux, aux frais de la société.

Si l'économie financiarisée est devenue une religion dévoyée, si la faillite financière n'est que le résultat d'une défaite morale, alors une nouvelle Réforme s'impose, non pour créer une nouvelle religion, mais pour replacer l'homme au centre de l'économie. Cette Réforme se devrait de rappeler que les véritables valeurs de notre société ne sauraient être financières et que l'*être* ne saurait se confondre avec l'*avoir*. Cette question déborde du cadre strictement économique, et la prendre en considération sera nécessaire afin de mettre un terme à la dictature actuelle du secteur financier.

L'asservissement des élites

Dans *La trahison des clercs*[150], publié en 1927, Julien Benda, relate comment les élites intellectuelles trahissent leur mission en adoptant, au nom du pragmatisme, des positions xénophobes et ultra-nationalistes plutôt que de prôner les valeurs « éternelles et désintéressées » des Lumières et de l'esprit. C'est également à une trahison des élites qu'on assiste aujourd'hui, non pas de même nature que celle de l'Entre-deux guerres, mais via cette prise de pouvoir néo-libérale soutenue explicitement ou implicitement par une grande partie d'entre elles. Cette faillite morale est d'une autre nature que celle d'une entreprise ou d'un pays. Elle est désastreuse, en cela qu'il s'agit de la ruine des valeurs sur lesquelles la société s'est patiemment bâtie. À l'épargne liée au travail, à la confiance, à la responsabilité se substituent, au centre du système financier, l'endettement, le cynisme et la socialisation des pertes. Quant aux valeurs non marchandes, comme l'honnêteté, l'intégrité et l'honneur, elles tendent à être oblitérées et considérées comme obsolètes.

Cette corruption intellectuelle des élites ou de celles qui se prétendent telles, entraine une confusion des idées et des concepts. Selon Fukuyama, le libéralisme allié à la démocratie devait constituer le stade ultime du capitalisme vers lequel la société humaine aurait, au fil des siècles, convergé. Au nom du réalisme, cette vision s'est imposée parmi les élites. Cet état d'équilibre théoriquement indépassable et qu'aurait atteint notre société connaît pourtant de graves dysfonctionnements, caractérisés par les excès de la finance casino, l'appauvrissement et la fragilisation d'une grande partie de la population et une démocratie devenue plus virtuelle que réelle.

Le système de formation supérieure porte une certaine responsabilité dans ce processus de conversion au réalisme. Comme l'indiquent les auteurs d'un appel publié en 2011[151] « Plus de trois ans après l'éclatement de la crise qui a fortement mis en lumière les écueils, limites et dangers ainsi que les responsabilités de la pensée dominante en matière économique, cette dernière continue à exercer un quasi-monopole sur le monde académique ». Plutôt que de se donner pour objectif de contribuer au bien-être commun, la recherche produit ainsi trop souvent « des analyses complaisantes sur les supposés bienfaits de la financiarisation de l'ensemble du système économique obtenus grâce aux avantages présumés de l'innovation et de la spéculation financière ».

Vraie ou fausse monnaie intellectuelle ?

La mise sur un piédestal de soi-disant sommités en charge de fonctions importantes sans contrôle scientifique ou démocratique suffisant, accentue plus encore cette conversion au réalisme des élites intellectuelles, et donc leur trahison.

La nomination des soi-disant prix Nobel d'économie (ou plus précisément des prix de la Banque de Suède en sciences économiques en mémoire d'Alfred Nobel[152]) illustre ce problème. Grâce à cette tribune médiatique, les lauréats se trouvent alors en position de force pour influencer les politiques économiques des gouvernements, les politiques d'investissement des entreprises et les stratégies d'enseignement et de recherche académiques. Jean Tirole, récipiendaire de ce prix en 2014, a d'ailleurs écrit après sa nomination à Geneviève Fioraso, alors ministre de l'Enseignement supérieur et de la Recherche, pour bloquer toute tentative d'introduction de pluralisme dans l'appareil académique français. Ce courrier a porté ses fruits, puisqu'aucune nouvelle section ou nouvelle filière universitaire en économie n'a finalement été créée, permettant à la pensée unique de se maintenir.

De nombreux lauréats sont par ailleurs liés à l'école de pensée de Chicago. Deux d'entre eux, Robert Merton et Myron Scholes, nobélisés en 1997, ont notamment été ensuite associés à la quasi faillite du fonds d'investissement LTCM[153] en 1998.

En octobre 2013, une fumée blanche est apparue dans le ciel de Stockholm et trois nouveaux papes de l'économie ont été nominés. Eugene Fama, Lars Peter Hansen, affiliés à l'Université de Chicago, et Robert Schiller, ont été récompensés pour leurs « analyses empiriques des prix des actifs ». Le jury n'a malheureusement pas jugé utile de préciser si ces analyses étaient pertinentes face à une instabilité financière et à une précarisation de l'emploi persistante. Eugene Fama est en particulier associé à la théorie de l'efficience du marché, selon laquelle celui-ci ne saurait avoir tort. Impossible donc, d'après cette thèse, d'anticiper ou de surperformer un marché, c'est-à-dire de générer régulièrement un rendement supérieur à celui d'un indice boursier comme le CAC 40 ou le SMI. Ces marchés seraient la référence naturelle de l'économie, son Dieu parfait et insondable, son alpha et son oméga. Or, l'existence même d'une crise contredit cette théorie. Si les marchés financiers ont toujours raison, pourquoi changent-ils d'avis brusquement comme c'est le cas lors d'un krach boursier, et alors qu'aucune nouvelle information ne saurait le justifier ?

Le communiqué officiel laisse songeur : Eugene Fama aurait ainsi démontré qu'il est difficile de prévoir le cours d'une action donnée à court terme. Cette lapalissade méritait sans doute un prix Nobel. Robert Schiller a quant à lui montré qu'il serait plus facile de prévoir les cours à long terme que ceux à court terme. Les précisions à court terme étant extrêmement hasardeuses, on pourrait en effet difficilement faire pire à long terme. De plus, la définition même du « long terme » demeurant ouverte (1, 3, 5 ans ?), l'utilité de ce résultat n'est pas évidente. Les travaux de ces deux lauréats sont également plus contradictoires que complémentaires. Le premier se fonde sur l'hypothèse de rationalité des agents économiques, tandis que le second met en avant leur caractère irrationnel. Enfin, à l'heure où les marchés financiers sont sous perfusion des banques centrales et les cours des actifs financiers régulièrement manipulés, il est paradoxal que les auteurs de travaux sur la prédictibilité limitée des cours des actions soient à ce point encensés et que leurs études retiennent autant l'attention. Discuter du sexe des anges mérite, semble-t-il, la plus haute récompense.

Les questions auxquelles les nobélisés auraient été bien avisés de répondre demeurent quant à elles en suspens. Quels nouveaux paradigmes économiques devraient être développés ? Quelles solutions pour en finir avec la finance casino ? Comment replacer l'économie au service de la société ? Dans son testament, Alfred Nobel a consigné que le prix portant son nom devra être attribué à ceux dont les travaux auront prodigué les plus grands bienfaits à l'humanité. Voici qui a sans doute échappé aux membres du jury.

D'autres esprits, moins connus mais eux aussi complaisants, se doivent également d'être mentionnés. Frederic Mishkin, par exemple, professeur à la *Columbia Business School* qui, selon le *Monde Diplomatique*[154], a apposé son nom avant l'éclatement de la crise sur un rapport intitulé « Stabilité financière en Islande » et pour lequel il aurait perçu 124 000 dollars. Ou le professeur Richard Portes, de la *London Business School*, qui, selon la même source, aurait perçu 58 000 livres pour une expertise similaire[155].

L'économie n'a pas pour vocation d'être une discipline exclusivement technique et réservée à une minorité d'initiés, a fortiori si ceux-ci ne jouent pas leur rôle. Le citoyen se doit de prendre les choses en main puisque c'est lui qui en dernière instance assume les frais des crises. C'est à lui d'exiger des spécialistes qu'ils contribuent à la résolution des problèmes identifiés et non à leur émergence. À lui de s'indigner et de s'engager, pour reprendre les mots de Stéphane Hessel[156]. La diffusion de fausse monnaie intellectuelle, c'est-à-dire de concepts sans valeur, par une élite trop souvent asservie contribue largement à la faillite du système et à la précarisation des conditions de vie d'une large partie de la population.

Politique et corruption

Le monde politique est également en grande partie responsable de la faillite actuelle, en raison des innombrables affaires de corruption dont il fait l'objet. La classe politique grecque, droite et gauche confondues, pour qui il semble plus naturel de ponctionner les contribuables européens et de diminuer les retraites et les salaires des fonctionnaires grecs que d'exiger de ceux bénéficiant d'avantages indus qu'ils paient leurs impôts, en est le parfait exemple. Lorsqu'en 2010, Christine Lagarde, alors ministre des finances du gouvernement de François Fillon, transmet à son homologue grec Giórgos Papaconstantinou, ministre des finances d'octobre 2009 à juin 2011, un CD-Rom contenant une liste de 2063 grecs disposant en 2007 de comptes auprès de la filiale suisse de HSBC, cette démarche n'est suivie d'aucun effet. Plutôt que de mener une douloureuse politique d'austérité qui n'a fait qu'accentuer plus encore les problèmes, les gouvernements grecs qui se sont succédés au pouvoir auraient été bien avisés de s'assurer que les contribuables disposant de comptes à l'étranger s'acquittent de leurs impôts. Le manque à gagner est pourtant énorme. La fraude fiscale coûte chaque année à la Grèce des milliards d'euros. Jusqu'à présent, ni le « socialiste » Giórgos Papaconstantinou, ni ses successeurs Evángelos Venizélos, devenu par la suite secrétaire général de ce même parti (Pasok), et Yannis Stournaras, ministre des finances jusqu'en juin 2014, n'ont jugé bon d'utiliser cette liste. Interrogé à ce propos, Giórgos Papaconstantinou a indiqué avoir malheureusement « perdu » le précieux CD-Rom, rendant du même coup les poursuites impossibles. Comme il a dû en effet regretter de ne pouvoir, alors en sa qualité de ministre de l'économie, exiger de certains de ses amis et collègues, voire de certains membres de sa famille, qu'ils s'acquittent de leurs impôts ! Le magazine grec *Hot Doc* et le *Wall Street Journal* ont tous deux publié cette liste en novembre 2012, dévoilant alors les noms de deux anciens ministres, d'un conseiller du premier ministre élu en 2012, Antónis Samarás, ainsi que ceux d'hommes d'affaires connus dans le pays. Le journaliste grec à l'origine de cette publication a connu pendant quelques temps les foudres de la justice grecque pour avoir osé briser l'omerta.

Le 28 décembre 2012, l'affaire a pris une nouvelle tournure, Giórgos Papaconstantinou, alors ex-ministre, ayant été accusé d'avoir falsifié cette liste. Il aurait en effet effacé les noms de deux de ses cousines, filles d'un autre ex-ministre, ainsi que de leur mari respectif. Le Pasok, dirigé par son successeur Evángelos Venizélos, a prononcé son expulsion mais le dossier est toujours en suspens. Qu'adviendra-t-il de cette liste ? Le gouvernement du premier ministre Tsipras se décidera-t-il à la traiter ? Selon l'ex-présidente du parlement grec Zoé Konstantopoulou, cette opération ne semble pas prioritaire aux yeux du FMI.

Le cas grec n'est pas une exception. Le système politique est à bout de souffle dans nombre de « démocratie libérale », et notamment la France. Les grands partis de gouvernement, La France en marche, le PS et les Républicains, sont en état de décomposition avancée, rongés par les scandales à répétition, les trahisons et les reniements. Le spectacle qu'ils donnent est pitoyable et indigne d'une démocratie.

La crise actuelle déborde du cadre strictement financier. Elle est aussi celle des valeurs de notre société. Avec sa justification implicite ou explicite du fonctionnement actuel de l'économie, l'élite tient trop souvent le rôle de faux-monnayeurs de la pensée[157]. Cette corruption et cet asservissement sont des maux qu'il faut traiter avec la plus grande attention, à moins de se satisfaire d'une situation où il n'y aurait « plus aucune espèce de conscience, sauf, si l'on peut s'exprimer ainsi, la conscience de l'opinion publique et celle du code pénal »[158] comme l'écrivait Léon Tolstoï dans *La Sonate* à *Kreutzer*.

6 De quelques remèdes et solutions

La Première Guerre mondiale s'est achevée avec la disparition du deuxième Reich et des empires russe, austro-hongrois et ottoman. La mise en place de solutions à la crise demandera elle aussi une profonde reconfiguration des hégémonies actuelles. Celles-ci sont au moins au nombre de quatre : financière bien sûr, mais aussi énergétique, militaire et technologique (ce dernier champs visant tout particulièrement les technologies de l'information). Grâce à leur puissance de lobbying, chacun de ces empires exerce une emprise considérable sur notre société, et lui font courir des risques tout aussi importants.

L'*empire financier* a été longuement décrit au fil de ces pages. Selon le journaliste François Fejtö, la Grande Guerre s'est généralisée en raison de l'opinion d'alors, « la conviction qu'une grande puissance ne peut se maintenir que par l'expansion »[159]. La crise perdure aujourd'hui pour les mêmes raisons. Le pouvoir financier est structuré autour de méga-banques, qui ne cessent de croître via le rachat d'autres établissements. Les vagues de dérégulations leur ont permis de s'implanter solidement dans certains secteurs comme les assurances, l'énergie, les métaux et les denrées alimentaires, voire d'être en mesure de les contrôler et de leur imposer leur logique. Elles étendent ainsi peu à peu leur pouvoir, sans qu'aucune régulation internationale ne refreine cette dynamique.

L'*empire énergétique* mène le monde en lien étroit avec le secteur financier. L'« étalon or-dollar » été remplacé par l'« étalon pétrole-dollar » ; le cours du pétrole est déterminé en dollars, l'équilibre de l'économie mondiale tanguant à chacun de ses soubresauts. La « guerre contre le terrorisme » menée en Syrie, en Irak ou en Lybie est ainsi devenue le faux prétexte pour faire main basse sur l'or noir local. Avec le charbon, le pétrole est responsable de la croissance de près de 40% des émissions de CO_2 entre 1990 et 2010. Les générations actuelles découvrent peu à peu les innombrables conséquences du réchauffement climatique sur leur vie et qui s'accentueront plus encore au cours des prochaines décennies. L'énergie nucléaire, tout comme le gaz de schiste, présentent également des risques majeurs, ingérables et non assurables pour les populations[160].

L'*empire militaire* est quant à lui démesuré. Au 20e siècle, les guerres et les conflits meurtriers ont ensanglanté la planète. Un siècle après le déclenchement de la Première Guerre, la situation en Syrie et en Ukraine est susceptible de déraper en un nouveau conflit mondial. La puissance militaire absorbe aujourd'hui beaucoup trop d'investissements et d'énergie, faisant gravement défaut ailleurs.

Enfin, l'*empire des technologies de l'information* est désormais devenu l'instrument de contrôle moderne des populations, lequel permet aux États, démocratiques ou non, d'intercepter toute communication, nationale ou internationale, qu'elle soit réalisée par Internet, le téléphone, le fax ou autre. Cette capacité confère *de facto* aux démocraties un caractère des plus virtuel.

Reconfigurer ces empires et trouver des solutions aux crises actuelles présuppose que les élus s'emparent du problème et assument leurs responsabilités vis-à-vis de leurs électeurs et de l'ensemble des citoyens. On pourrait à ce titre reprendre les mots de Lloyd George, Premier Ministre britannique durant la Première Guerre mondiale, à propos des origines de la guerre et de l'attitude du chef de l'État français et du ministre des Affaires étrangères russe : « On sent que Poincaré et Sazonov s'étaient dit : ce qui importe, ce n'est pas d'éviter la guerre ; c'est de nous donner l'air d'avoir tout fait pour l'éviter »[161]. Actuellement, les citoyens comprennent bien que c'est également l'attitude qui prévaut chez de nombreux politiciens : donner l'illusion d'essayer de résoudre les problèmes, à défaut de le faire véritablement.

Revenons à l'objet de ce livre et à la question financière. La situation que l'on vient de dépeindre, qui menace de déraper et d'échapper à tout contrôle, est, en résumé, la suivante :

- Les marchés financiers ne sont plus en état de fonctionner. Bien au contraire, ils génèrent un risque systémique considérable et concourent au développement de la finance casino.

- Les banques dites «*too big to fail*» sont subventionnées. Elles sont ainsi encouragées à prendre des risques, aux dépens des contribuables, et par conséquent, de l'économie.
- Le secteur financier asservit l'économie et étouffe la société.
- La main invisible d'Adam Smith est de moins en moins effective dans la mesure où, pour les grandes banques et les fonds d'investissement, la satisfaction des intérêts particuliers nuit de plus en plus au bien commun et à l'économie.
- La croissance économique n'est plus synonyme de développement social. Bien que limitée en Europe, la croissance est supposée permettre le remboursement de la dette colossale accumulée depuis les dernières décennies. C'est une utopie. Comme l'est tout autant d'imaginer que l'endettement pourrait être source de croissance durable.
- La mainmise financière sur l'économie a pour conséquence directe la déliquescence de la démocratie, dont les principes essentiels se trouvent bafoués.

Le constat étant posé, il admet des solutions qui relèvent simplement du bon sens. Ni la politique monétaire des banques centrales, avec de faibles taux d'intérêts, ni les mesures d'austérité ne peuvent constituer la clé du problème. Au contraire, celles-ci accentuent les difficultés. Tant les dettes que les risques sont au niveau mondial trop élevés pour que les politiques fiscales et monétaires classiques puissent porter leurs fruits.

La raison pour laquelle le cap actuel est maintenu, alors que ces politiques ont mené à une impasse, est que de puissants lobbies sont à l'œuvre pour vider les projets de réformes de leur substance. À titre d'exemple, celui de l'impôt sur les transactions financières, pour lequel des non-réformes sont présentées à grand renfort de publicité. Ces groupes de pression agissent en coulisse pour que les gouvernements (censément élus pour représenter les intérêts des citoyens) et les banques centrales, (théoriquement indépendantes du pouvoir politique), se trouvent sous influence du secteur financier. Les lobbies sont à l'origine de la manipulation à grande échelle de l'opinion publique, avec pour ingrédient fondamental la peur de mécontenter les marchés financiers. Agiter cette menace permet d'implémenter des politiques ne répondant qu'aux intérêts d'une caste ultra-minoritaire et nuisibles pour l'ensemble de la société.

L'absence de mise en œuvre de véritables mesures confère à la crise son caractère quasi-permanent. Depuis son apparition, peu a en réalité été accompli en dépit de ce que pourrait laisser croire les nombreuses réunions au sommet et leurs orchestrations médiatiques. Contrairement aux dires de la plupart des banquiers et des régulateurs, la résilience du système financier ne s'est pas vraiment améliorée. Le caractère désormais endémique de la crise n'est que le résultat du piètre état de la démocratie, dans laquelle les élus ont pour beaucoup oublié leur devoir d'œuvrer pour le bien commun, tout occupés qu'ils sont à défendre leurs intérêts et ceux des lobbies de la finance.

Résoudre cette crise, soigner ce cancer qui ronge la société ne demande en réalité que l'application de mesures simples : d'une part réanimer la démocratie, la sortir de son coma, et d'autre part remettre l'économie au service de la société. Satisfaire ce second point implique de remédier à la complexité croissante du secteur financier, notamment par la mise en œuvre de mesures simples et transparentes. C'est-à-dire à l'inverse des régulations actuelles, éminemment trop complexes et pléthoriques pour être appliquées avec succès. Celles dites de Bâle III, par exemple, constituent un corpus de près de 600 pages ; les précédentes, Bâle I et II, comptaient respectivement 30 et 300 pages. Cette tendance à l'inflation est contreproductive, puisque seules les grandes banques sont en mesure de mobiliser les ressources nécessaires au traitement et à l'implémentation de ces normes. Les établissements de tailles réduites ont le plus grand mal à s'adapter, et cherchent alors à s'intégrer dans des banques systémiques qui accroissent ainsi leur taille.

Quelles mesures mettre en œuvre ? Celles-ci font l'objet des prochaines pages.

Au vu de la gravité de la situation, certains lecteurs estimeront peut-être qu'il s'agit là de dispositions dont la portée sera trop limitée, voire de soins palliatifs. En se focalisant sur l'expansion de la finance casino, elles sont cependant en mesure de générer le résultat visé. D'autres jugeront peut-être au contraire qu'elles sont irréalistes. Certes, leur implémentation ne serait pas aisée, mais en s'attaquant au cœur des problèmes, elles permettraient de remédier à nombre de maux actuels.

Mesures pour réanimer la démocratie

- Instaurer une véritable démocratie directe, de sorte à ce que le citoyen puisse proposer que des thèmes sujets à controverse soient débattus avant d'être tranchés par le biais d'un référendum. Dans des pays comme la France, l'Allemagne, l'Angleterre ou l'Italie, le nombre de signatures requises pour lancer un tel référendum ne devrait pas dépasser le million. Il est invraisemblable que dans des pays supposés démocratiques, des questions essentielles de nature politique, énergétique, sociale, économique ou financière ne soient pas traitées démocratiquement et ne relèvent bien souvent que du fait du Prince. Qu'un monarque soit élu n'enlève rien à son caractère de monarque, et ce a fortiori si une fois élu il oublie son programme de candidat et prend des décisions arbitraires sous la pression des lobbys[162].

  L'instauration d'une démocratie directe demandera sans doute la mise sur pied, au niveau international, d'un réseau de citoyens tissé autour de quelques principes de base. Les différents problèmes, tant économiques que sociaux et environnementaux, demandent en effet des solutions globales. L'objectif de ce réseau sera de trouver des solutions et de tâcher de les implémenter ; en d'autres termes, de réanimer la démocratie. Les politiciens professionnels, pour la plupart coupés du monde réel, n'auraient pas vraiment leur place dans ce type de structure, laquelle devrait également fonctionner sans cotisation régulière ni fonds publics afin de limiter les risques de corruption ou de détournement. Un système de financement collectif ponctuel réalisé localement et directement par des membres du réseau permet de déployer ses activités.

- Veiller à ce que la lutte contre le terrorisme ne soit plus prétexte à contrôler en permanence l'ensemble des citoyens, comme c'est le cas aux États-Unis depuis septembre 2001, ainsi qu'en France depuis les attentats de janvier et de novembre 2015. Les citoyens ont droit au respect de leur sphère privée. Une démocratie ne saurait tolérer que leurs appels téléphoniques soient écoutés et que leurs courriers électroniques soient lus, et ce de manière continuelle. Un contrôle démocratique des institutions pratiquant cette surveillance à grande échelle devrait être instauré.
- S'assurer que la liberté de la presse soit une réalité. Les journaux numériques qui, afin de conserver leur indépendance, excluent tout financement de type publicitaire sont trop souvent étranglés par une TVA scandaleusement élevée.

Mesures concernant la sphère financière

1) *Régulation du secteur financier*

- L'endettement des banques devrait être fortement limité. Les capitaux propres, qui correspondent dans le meilleur des cas à environ 4 ou 5% du total de leur bilan, devraient en constituer 20 à 30%, comme cela était généralement le cas au 19e et au début du 20e siècle[163]. Lorsqu'une famille s'endette pour acheter une maison, un apport en capital de 4% ne suffit pas. Au moins 20% de la valeur du bien immobilier est le plus souvent exigé. À quel titre les grandes banques pourraient-elles, pour leurs propres affaires, s'exonérer des contraintes qu'elles imposent à leurs clients ?

Elles ont réussi, grâce à un lobbying intense, à affaiblir les versions initiales des accords de Bâle III[164], dont l'un des objectifs était précisément de limiter à la marge leur endettement gigantesque. Ces mêmes établissements s'offusquent aujourd'hui des endettements colossaux des pays développés, résultant précisément de leur renflouement à partir de 2008.

Limiter l'endettement des grandes banques ne génèrera un effet stabilisateur que si cette mesure s'accompagne d'une réduction substantielle de leurs activités hors-bilan, c'est-à-dire d'une limitation drastique de la diffusion de produits dérivés. Or, ceux-ci sont comme on l'a vu particulièrement opaques. Rappelons le cas des fonds commun de créances, qui permettent aux grandes banques d'enjoliver leur bilan en « exfiltrant » leurs actifs douteux et leurs mauvaises créances. Les risques les plus importants sont ainsi camouflés et les engagements apparaissent plus faibles qu'ils ne le sont en réalité ; leurs capitaux propres en pourcentage de ceux-ci sont ainsi artificiellement gonflés.

Il faut donc, pour avoir une vision réaliste de l'état d'endettement d'une grande banque, être en mesure de prendre connaissance de l'ensemble de ses engagements y compris ceux présents dans son hors-bilan, fût-il gigantesque. Enfin, l'objectif de réduction substantielle des activités du hors-bilan ne pourra être atteint qu'en limitant drastiquement la diffusion de produits dérivés.

- Les banques d'investissement et de dépôt devraient être séparées, comme tel était le cas aux États-Unis jusqu'en 1999 dans le cadre du Glass-Steagall Act. Une telle séparation protège les dépôts et économies des clients, puisqu'elle interdit aux banques d'investissement de les utiliser comme mises dans le cadre de la finance-casino. Ce serait un facteur de stabilité.
- La taille des banques devrait être limitée. Comme on l'a vu, les puissants conglomérats bancaires sont encouragés à prendre des risques dans la mesure où ils n'ont pas à en assumer les conséquences. Ils bénéficient en l'état d'une assurance gratuite aux frais du contribuable.
- Les rémunérations démesurées et insensées des dirigeants des grandes banques doivent être reconsidérées. Les stock-options motivent par ailleurs leurs détenteurs à procéder à des paris plutôt qu'à des investissements, dont les pertes éventuelles sont assumées par le contribuable.
- Dans les grandes banques, les centres de gestion et de contrôle des risques sont d'une efficacité limitée, et devraient être reconfigurés. Il serait plus utile de verser des bonus aux employés de ces services plutôt qu'aux

traders ; ce n'est aujourd'hui pas le cas, ce qui laisse deviner où sont les priorités des grandes banques.

- Les activités des fonds spéculatifs doivent être beaucoup plus régulées et contrôlées. De manière générale, la puissance du système bancaire parallèle (*shadow banking system*) dont font partie ces fonds est inquiétante et nuit à l'économie.

2) Certification et contrôle des produits diffusés par les banques

- Avant d'être commercialisés, les produits financiers devraient être certifiés de sorte à satisfaire à des normes minimales, à l'instar de tout nouveau produit issu des autres secteurs d'activité. Une autorité de supervision dédiée devrait être mise sur pied. Son rôle premier sera d'éviter la diffusion de produits financiers toxiques.
- La vente de produits toxiques devrait constituer un délit passible de sanctions pénales, comme dans tout autre secteur économique.
- Les pratiques de titrisation devraient être strictement encadrées, voire interdites. Laisser la possibilité aux banques de revendre des créances douteuses a pour conséquence directe de les déresponsabiliser, en particulier quant aux conditions d'octroi de crédits immobiliers.
- Les transactions financières de gré à gré devraient être réglementées dans la mesure où elles sont à l'origine d'un risque systémique additionnel. Les produits dérivés devraient être traités de façon

transparente, soit sur des marchés organisés soit de gré à gré, et répondre principalement à de réels besoins de couverture. La diffusion des produits financiers permettant de parier sur les faillites d'entreprises ou de pays, comme les *Credit Default Swaps*, serait ainsi grandement limitée.

3) Impôts et taxation des transactions financières

- Cesser l'hypocrisie en ce qui concerne l'évasion fiscale, laquelle pourrait disparaître si les pays de l'OCDE le souhaitaient vraiment. Les États-Unis, par exemple, ont permis à l'État du Delaware, de devenir un paradis fiscal. La création de sociétés fictives y est un jeu d'enfant. Il suffirait que les pays de l'OCDE interdisent toute transaction en provenance ou à destination d'un paradis fiscal pour que le problème soit en grande partie résolu. Une telle résolution demanderait également de s'assurer que les responsables politiques européens (et en particulier le président de la Commission européenne) censés lutter contre l'évasion fiscale ne soient pas précisément ceux-là même qui l'ont promue et organisée aux dépens de nombreux pays européens et au bénéfice du leur. Les révélations « LuxLeaks » de novembre et décembre 2014 ont mis en lumière les accords fiscaux secrets passés depuis 2002 entre plus de 300 entreprises multinationales et les services fiscaux du Luxembourg. Lesquels ont permis à ces sociétés (dont Pepsi, IKEA, FedEx, Walt Disney, Skype, Bombardier ou Koch Industries ainsi que des entreprises européennes dont une dizaine de sociétés grecques) d'échapper à l'impôt dans leur pays d'origine. Ces activités illicites ont été réalisées grâce à la création de sociétés dites « boîte aux lettres » (c'est-à-dire sans activité réelle) au Luxembourg et par le biais de montages fiscaux particulièrement complexes et opaques réalisés par les plus grandes sociétés de conseil expertes dans ce domaine, comme PricewaterhouseCoopers, Ernst & Young, Deloitte ou KPMG. L'ironie est que ces mêmes entreprises conseillent aujourd'hui de nombreux gouvernements dans le monde pour l'établissement de leurs règles fiscales et le contenu de leur politique économique[165].

Ces montages ont été mis en place avec l'accord des plus hautes autorités du Luxembourg. Comment Jean-Claude Juncker, qui fut successivement ministre des finances, puis premier ministre et grand défenseur du « modèle luxembourgeois » a-t-il pu être élu président de la Commission européenne en 2014 ? Laquelle Commission ne manque d'ailleurs pas de sermonner la Grèce et de lui intimer l'ordre de réduire son déficit, alors même que son président a pendant des années dirigé un pays qui a permis à de nombreuses sociétés actives en Grèce de pratiquer l'évasion fiscale[166]. Ajoutons également que Jean-Claude Juncker a refusé la mise en place d'un registre public des sociétés écrans ou boîtes aux lettres, la plupart suspectées pour des activités d'évasion fiscale ou de blanchiment d'argent[167].

Les pertes fiscales liées à ces fraudes sont énormes, mais inversement proportionnelles aux amendes, qui restent quant à elles plutôt rares. En 2005, KPMG a toutefois été condamné par la justice américaine à verser 456 millions de dollars pour des montages douteux et à l'origine d'une perte fiscale de 2,5 milliards pour le Trésor américain. En 2013, Ernst & Young a dû également s'acquitter d'un montant de 123 millions de dollars pour les mêmes motifs : l'optimisation fiscale mise en place avait permis à nombre de ses clients de réduire indûment leurs impôts, pour un montant total de plus de 2 milliards de dollars.

Selon l'enquête de France 2 diffusée en décembre 2014, EDF, détenue à 84% par l'État français, aurait également « optimisé » ses impôts par le biais de filiales au Luxembourg et en Irlande, ainsi que d'une participation dans une entreprise située au Bermudes[168]. Le fisc français aurait ainsi perdu chaque année plusieurs milliards d'euros d'impôts.

- Les impôts sont beaucoup trop élevés pour la plupart des foyers et des PME. Cette charge est mal répartie et symptomatique du dysfonctionnement de l'État. À l'heure de la digitalisation, imposer le travail à ce point est contre-productif. Le système fiscal est archaïque, injuste et d'une complexité démesurée. Le code fiscal des États-Unis, avec ses 75 000 pages[169], illustre cette dérive kafkaïenne. La fiscalité actuelle trouve ses bases en Europe et en particulier en France, au 19e siècle avec la révolution industrielle et a été adaptée dans le courant du 20e siècle. La donne a aujourd'hui complètement changé, avec un secteur financier au pouvoir, et impose de reconsidérer profondément le système fiscal à l'aune des réalités actuelles. À cet égard, un fait devrait être déterminant, à savoir le volume des transactions financières électroniques, qui est aujourd'hui devenu démesuré. Celui-ci est au moins de 150 fois le PIB en Suisse et de l'ordre de 100 fois dans la plupart des autres pays développés. Un impôt sur tous les paiements électroniques devrait donc être introduit[170]. Il pourrait présenter un taux de 0,2% ou de 0,5%, ce qui resterait très faible en comparaison du taux de TVA, mais certainement déjà trop élevé pour les lobbies du secteur financier. Au vu des montants financiers en circulation, il constituerait une véritable manne pour la plupart des États aujourd'hui surendettés.

Pour donner une idée des flux qu'un tel impôt pourrait générer, l'exemple de la Suisse est particulièrement intéressant. En 2019, les transactions électroniques atteignaient le montant pharaonique d'au moins 100 000 milliards de francs suisses[171], soit près de 150 fois le PIB du pays. Un impôt ne serait-ce que de 0,2% sur chacun de ces transferts électroniques aurait rapporté 200 milliards de francs, c'est-à-dire presque le tiers du PIB suisse. Ce montant est supérieur à la somme de tous les impôts perçus dans ce pays, à savoir environ 145 milliards de francs. Un faible prélèvement à caractère automatique sur tous les paiements électroniques permettrait donc théoriquement à de nombreux pays de réduire, voire d'abolir, une grande partie de l'ensemble des impôts en vigueur. « Théoriquement » bien sûr, car une telle taxe aura pour effet direct de réduire les transactions sur les marchés d'actions, d'obligations et de devises. Il faudra donc probablement l'augmenter à 0,5%, de sorte à ce qu'elle conserve son caractère rémunérateur. La réduction des transactions financières qu'elle engendrerait serait également bénéfique, car elle permettrait de freiner la spéculation effrénée sur les marchés financiers. Cette taxe devrait enfin sérieusement limiter la fraude fiscale, puisque tout transfert électronique sera en principe automatiquement détecté et enregistré. Une initiative populaire a d'ailleurs été lancée en Suisse. Il s'agirait d'introduire une micro-taxe et de réduire, voire de faire disparaitre, les autres impôts que sont la TVA et l'impôt fédéral direct[172].

Dans le cas de la France et de l'Allemagne, comme pour la plupart des pays développés, un taux de 0,25% suffirait pour générer un montant dépassant l'ensemble des recettes fiscales actuelles[173].
Ainsi, une micro-taxe simple, automatique et unique et un coût de collecte particulièrement faible devrait être, au niveau international, plébiscitée tant par les États que par les foyers fiscaux et la plupart des entreprises car elle signifierait une simplification du travail administratif ainsi qu'une forte baisse des impôts. Or, cette piste n'est pas même considérée.

Pourquoi ? Parce qu'elle a bien entendu le défaut majeur de déplaire aux grandes banques, aux fonds spéculatifs et aux bourses, responsables de la vaste majorité des transactions financières. Si une telle taxe venait à être mise en œuvre, ces institutions devraient s'acquitter de montants d'impôts bien supérieurs à ce qui est le cas actuellement ; les processus d'optimisation fiscale seraient par ailleurs beaucoup plus compliqués à mettre en œuvre.

Un tel impôt permettrait également de réduire la volatilité des cours boursiers et de faire quasiment disparaître les transactions financières effectuées à la milli ou à la micro-seconde. Cette taxe présenterait des effets positifs immédiats même si elle ne venait à être introduite que dans un nombre limité de pays : elle stabiliserait tout d'abord leur économie en chassant les activités de finance casino vers d'autres territoires et provoquerait d'autre part un effet d'entraînement chez les citoyens et les entreprises des autres pays, une fois considérée la mesure de ses bénéfices.

Cette micro-taxe diffère de la fameuse taxe Tobin, puisque contrairement à cette dernière, elle n'a pas vocation à s'ajouter aux impôts déjà existants. Elle s'y substituerait au contraire, en réduisant la charge fiscale des foyers et des entreprises, en particulier des PME, et en augmentant celle du secteur financier, actuellement sous-taxé[174]. Cette taxe ne s'appliquerait par ailleurs pas uniquement aux transactions financières sur les actions, les obligations et les devises, mais à l'ensemble des paiements électroniques réalisés, y compris, par exemple, ceux liés au règlement de factures au supermarché ou au restaurant ou les retraits d'argent au Bancomat.

En 2012, 11 pays européens avaient décidé de faire un pas dans la direction de la « taxe Tobin » et d'instaurer à terme et à titre expérimental, une taxation sur les transactions financières (ou « TTF »). Ce projet, beaucoup moins ambitieux que celui proposé par la Commission européenne en 2011, aurait dû générer un peu plus de 30 milliards d'euros. Aujourd'hui, de sérieux doutes pèsent quant à sa concrétisation. Si cette taxe voit le jour, ce sera uniquement sous la forme d'une version édulcorée et sans véritable portée (en contradiction d'ailleurs avec les engagements des chefs d'État et de gouvernement des pays signataires, dont François Hollande). Des groupes de pression sont en effet à la manœuvre. Fin 2014, le ministre français de l'économie, Michel Sapin, n'envisageait d'ailleurs plus qu'une taxe limitée aux actions et excluant la plupart des produits dérivés. La taxe actuellement en vigueur en France est de 0,3% (alors qu'elle est de 0,5% en Angleterre[175]) et n'est perçue que lors de l'achat d'actions de sociétés françaises dont la capitalisation boursière est supérieure à un milliard d'euros[176]. Les lobbies financiers sont à l'œuvre pour que cette taxe reste d'une ampleur bien limitée. Enfin, la décision de Michel Sapin de ne pas taxer les produits dérivés a constitué une heureuse aubaine pour les grandes banques comme BNP Paribas, Société Générale ou Crédit Agricole, toutes très actives sur ce type de produits. L'énième épisode d'une farce grotesque, on l'aura compris.

Si le passage à 0,3% se confirme, cette taxe devrait rapporter à l'État français entre 2 et 4 milliards d'euros. Ce montant est à mettre en regard des 545 milliards d'euros que la micro-taxe évoquée précédemment pourrait générer sur la base d'un taux de 0,25%[177] appliqué à l'ensemble des transactions électroniques. C'est dire si les projets actuels, présentés comme ambitieux et contraignants pour le secteur financier afin de contribuer à la résolution des problèmes qu'il a lui-même créés sont inadéquats et inéquitables. Ne sont en réalité récupérées que les miettes du festin auquel se livre quotidiennement le Moloch de la finance.

Dans leur ouvrage, Christian Chavagneux et Thierry Philipponnat[178] décrivent les liens qui, tout particulièrement en France, unissent le monde politique et celui de l'argent : « En France, la capture est largement sociologique du fait du système organisé de pantouflage et de la consanguinité bien connue des élites financières. Cette situation, combinée avec l'extrême concentration du système bancaire français, explique la volonté, non avouée mais bien réelle, de Paris de ne pas réformer la structure des banques. »

Cette porosité entre politique et lobbies financiers a également été illustrée en novembre 2014 par le transfert[179] du responsable des « affaires financières et monétaires » au sein de la représentation permanente française auprès des institutions européennes, Benoît de La Chapelle, vers la Fédération Bancaire Française (FBF), où il occupe désormais les fonctions de directeur délégué de ce lobby de l'industrie bancaire française. En d'autres termes, et alors même que les négociations à Bruxelles relatives à l'introduction d'une taxe sur les transactions financières étaient dans l'impasse, l'un des porte-paroles et spécialistes français du sujet, supposé défendre ce projet, a rejoint un lobby farouchement opposé à l'introduction d'un tel impôt. On laissera au lecteur le soin de juger s'il s'agit là d'un cas de « capture » ou de corruption des élites, voire des deux à la fois.

4) Audit de la dette et contrôle des agences de notation

- L'endettement de la plupart des États est si important qu'un défaut de paiement de certains d'entre eux est à prévoir. Un audit de la dette[180] grecque serait notamment souhaitable, en particulier si son effacement partiel continue d'être refusé par les créanciers. En mars 2015, la création, à l'initiative de l'ex-Présidente du Parlement grec Mme Konstantopoulou, de la Commission pour la Vérité sur la Dette publique grecque, a constitué un premier pas dans cette direction. « L'objectif est de déterminer l'éventuel caractère odieux, illégal ou illégitime des dettes publiques contractées par le gouvernement grec », a-t-elle indiqué. L'article 7 du règlement adopté en mai 2013 par l'Union européenne (UE) stipule en effet qu'« un État membre faisant l'objet d'un programme d'ajustement macroéconomique réalise un audit complet de ses finances publiques afin, notamment, d'évaluer les raisons qui ont entraîné l'accumulation de niveaux d'endettement excessifs ainsi que de déceler toute éventuelle irrégularité ». L'objectif d'une telle démarche est de déterminer si les contrats publics ayant entraîné une augmentation de la dette ont été ou non entachés de corruption. Analyser l'origine des dettes permettra en effet d'identifier celles qui seront remboursées et celles qui ne devraient pas l'être.

Une négociation sérieuse entre les gouvernements allemand et grec serait à cet égard fort utile, tant les dettes entre les deux pays sont importantes. Durant la Seconde Guerre mondiale et l'occupation par les troupes allemandes, la Grèce a en effet particulièrement souffert. Comme le rappelle l'ancien résistant Manolis Glezos dans son livre[181], 13,5% de la population d'alors a péri[182], dont 600 000 de famine et 105 000 déportés sans retour dans les camps de concentration. De nombreuses infrastructures comme les routes et les chemins de fer ont été détruites. Les montants en jeu sont donc importants, en particulier si l'on considère ceux liés au pillage des trésors archéologiques, à l'emprunt forcé par les nazis en 1941 (actuellement environ 54 milliards d'euros sans les intérêts), aux réparations des dommages de guerre et aux dédommagements pour les familles des victimes.

- Les agences de notation doivent être contrôlées car elles nuisent en l'état au bon fonctionnement de l'économie. Le premier objectif serait de responsabiliser les dirigeants de sorte à les obliger à rendre des comptes à la justice en cas de krach financier ou de défauts de paiement provoqués par les notes émises par leurs agences. La crise financière a montré tout le risque que ces agences pouvaient représenter suite à l'attribution d'excellentes notes à des produits financiers plus que douteux. Si elles avaient travaillé de manière objective, elles auraient probablement perdu les contrats les liant avec les banques qui les rémunèrent directement. Depuis 2010, elles ont essayé de redorer leur image en se montrant particulièrement strictes vis-à-vis de certains pays, dont la Grèce. Hurler avec les loups est tellement plus facile.

5) Repenser l'enseignement de l'économie

Les programmes et les contenus des cours d'économie et de finance au niveau académique devraient être reconsidérés avec la plus grande attention (rappelons ici l'appel de certains enseignants chercheurs en 2011 à ce propos et évoqué au chapitre précédent). Trop souvent, à la lecture des plans de cours, on peut en effet se demander si une crise a véritablement éclaté en 2007-2008. Analyser ses causes et ses conséquences serait essentiel, mais cela ne constitue semble-t-il pas une priorité académique. Des cohortes de jeunes diplômés quittent donc chaque année le système éducatif avec un

Master en Économie, en Finance ou un MBA sans qu'il ne leur ait été inculqué l'esprit critique nécessaire. Ils auront été exclusivement formés pour appliquer le credo financier en vigueur, et en dernière instance, celui de la finance casino au détriment des valeurs portées par la société, l'économie, ou des intérêts de l'entreprise dans laquelle ils évolueront.

La mise en œuvre de ces mesures requerra de la part des citoyens et des politiciens toute leur capacité d'analyse, une solide volonté pour trouver de véritables solutions et beaucoup de courage. Il en va de notre responsabilité à tous, tant vis-à-vis des générations actuelles que futures, et dont le droit de vivre de manière digne et décente dans une société civilisée et responsable devrait constituer une priorité permanente et inconditionnelle.

Notes

1 Voir: « De la peste au coronavirus », Marc Chesney, *Le Temps*, 20.04.2020.

2 Marc Bloch, *L'Étrange Défaite*, Paris, éditions Franc-Tireur, 1946.

3 Martin du Gard Roger, *Les Thibault,* éd. Bibliothèque de la Pléiade, Paris, Gallimard, 1955, vol. II, p. 698.

4 Remarque Erich Maria, *À l'Ouest rien de nouveau,* traduit de l'allemand par Alzir Hella et Olivier Bournac, Paris, Librairie générale française, 2010, p. 95.

5 Warde Ibrahim, « Des Français qui gagnent », *Le Monde Diplomatique*, juillet 2010.

6 *Ibid.*

7 Polk Sam, « For the Love of Money », in *The New York Times, Sunday review*, 18 janvier 2014.

8 L'investisseur Warren Buffet a déclaré en 2003 que les produits dérivés sont des « armes de destruction massive ».

9 Selon l'Organisation Mondiale de la Santé (OMS), environ 1,25 million de personnes meurent d'accidents de la route par année dans le monde, près de 800 000 personnes se suicident et près de 20 fois plus tentent de le faire. Voir respectivement *Global Status report on road safety*, WHO, 2015 et *Suicide Data*, WHO, 2015.

10 Selon l'OMS, plus de 300 millions de personnes souffrent de dépression. Voir le rapport : *Mental Health*, WHO, avril 2017.

11 Selon un rapport de l'OMS de 2016, 3,3 millions de personnes meurent d'alcoolisme chaque année.

12 Selon la Banque Centrale Européenne (BCE), le « chômage élargi », qui tient compte du sous-emploi, atteint 15% de la population active de la zone euro, et est ainsi bien plus élevé que le taux de chômage officiel de 9%. Voir la troisième section du Bulletin

économique de la BCE, paru le 10 mai 2017. Par ailleurs, en Suisse, en dépit de bons résultats dans le domaine de l'emploi, en particulier pour les personnes bien qualifiées, l'Office fédéral de la statistique indique dans un document daté de juillet 2019 que le taux de sous-emploi était de 7% en 2018. De plus: « Le volume de travail supplémentaire souhaité par les personnes en sous-emploi correspond à 108 000 équivalents plein temps », et: « 830 000 personnes seraient prêtes à travailler davantage ».

13 Voir le rapport de l'Organisation internationale du Travail (OIT) intitulé: « World Employment and Social Outlook: Trends 2016 » et daté de janvier 2016.

14 Selon les déclarations de l'économiste américain Larry Summers, en 1998, alors qu'il était vice-secrétaire au Trésor de l'administration Clinton: « Les pays sous-peuplés d'Afrique sont largement sous-pollués » et « Il faut encourager une migration plus importante des industries polluantes vers les pays les moins avancés » !

15 Voir: le livre *Mordshunger* de Jean Feyder publié par les éditions Westend en Allemagne en 2014 ainsi que celui de Jean Ziegler intitulé *Destruction massive* et publié aux éditions du Seuil en 2011.

16 Source: FAO, *Global hunger declining, but still unacceptably high*, 2010 and FAO.

17 Voir à ce sujet le livre intitulé: *Bet the Farm: How Food Stopped Being Food*, de Frederick Kaufman, aux éditions Wiley, 2012.

18 Source: FAO, World food situation, 2017, et Welthungerhilfe, Hunger – Verbreitung Ursachen und Folgen, 2017.

19 Voir le chapitre 4.

20 Selon la National Education Association, un montant de l'ordre de 322 milliards de $ serait requis pour rénover les écoles. Voir: *Third world America*, Arianna Huffington, Crown publisher, New York, 2009, p. 113.

21 Selon le Department of Transportation, un pont sur quatre connaît des déficiences structurelles ou est vétuste. En moyenne, ils ont une durée de vie de 50 ans, et leur construction date de 43 ans. Selon une analyse du *New York Times* réalisées sur la base de données de l'Environmental Agency, une grosse canalisation explose en moyenne toute les deux minutes. *Ibid.*, pp. 106 et 100.

22 *Ibid.*, note 17, ainsi que *13 Bankers*, Simon Johnson et James Kwak, Pantheon Books, New York, 2010.

23 Souce: « Wall Street Spent $2 Billion Trying to Influence the 2016 Election », *Fortune magazine*, 08.03.2017.

24 Voir: « Schweizer Firmen spenden mehr für Trumps Partei als für Clinton », *NZZ am Sonntag*, Adrian Lobe et Sebastian Bräuer, 31.7.2016.

25 Voir: *The Growth of Finance*, Robin Greenwood and David Scharfstein (2013).

26 En 2015, au Brésil, cette guerre financière a pris un caractère tout particulier. Le sud-est du pays manquait d'eau, et la population a dû faire face à une sécheresse exceptionnelle. Les réserves ont atteint des niveaux historiquement bas. L'urgence est devenue telle que pour répondre aux besoins, l'État de São Paulo a même envisagé d'utiliser un réservoir d'eau polluée et des égouts à ciel ouvert pour subvenir aux besoins de l'industrie. Deux phénomènes expliquent cette situation. D'une part, un niveau de pluviométrie exceptionnellement bas. D'autre part, des infrastructures de rétention vieillissantes, à l'étanchéité défectueuse et à l'origine de pertes massives dans les égouts. La déforestation continue de l'Amazonie n'est probablement pas étrangère au manque de pluie, mais les fuites sont quant à elles à mettre au compte de la société Sabesp, en charge de l'approvisionnement de São Paulo. Ses dirigeants ont préféré distribuer les dividendes plutôt que les réinvestir, et ont repoussé pendant des années la nécessaire et urgente modernisation des canalisations. Entre 2007 et 2014, les profits de cette compagnie parmi les plus rentables du pays se sont élevés à près de 10 milliards de reals, soit plus de 3 milliards d'euros, dont un tiers ont été distribués aux actionnaires. Le reste n'a pas été investi de façon responsable, et le taux de fuite d'eau à São Paulo avoisinait en 2015 les 36%, soit près de 435 milliards de litres par an. Pour Sabesp, investir dans la maintenance des canalisations diminuerait les profits à court terme, alors que perdre de l'eau ne constitue qu'un facteur de coûts marginal. Les bonus sont calculés sur la base des profits réalisés, sans qu'aucun indicateur d'efficacité ne soit pris en compte. Cette logique financière « court-termiste » alimente les intérêts d'une élite majoritairement corrompue, au détriment des besoins de base de la population.

27 Il s'agit de 231 millions de morts au 20e siècle. Cf. le livre de Milton Leitenberg, intitulé : *Deaths in Wars and Conflicts in the 20th Century*, Cornell University, Peace Studies Program, 2006.

[28] Lire à ce sujet l'excellent livre *Masters of the Universe, Hayek, Friedman, and the Birth of Neoliberal Politics*, de Daniel Stedman Jones, Princeton University Press, 2012.

[29] Voir: *No Place to Hide* de Glenn Greenwald, Metropolitan Books, New-York, 2014.

[30] ***Produits financiers toxiques***: de par leur complexité, ces produits recèlent des risques qui, au moment de l'achat, ne sont généralement pas décelés par l'acquéreur, c'est-à-dire par le malheureux client de la banque qui les a créés. Lorsqu'ils sont vendus à grande échelle, ils génèrent de substantiels profits pour les banques les diffusant et un risque systémique pour l'économie, en ce sens que lorsque la toxicité se matérialisera, ces clients, entreprises et particuliers, connaîtront de graves difficultés financières. Des exemples sont donnés aux chapitres 3 et 4. Voir aussi l'article scientifique: «Toxic Sustainable Companies? A Critique on the Shortcomings of current Corporate Sustainability Ratings and a Definition of "Financial Toxicity"», Peter Seele et Marc Chesney, *Journal of Sustainable Finance & Investment*, 2017.

[31] Martin du Gard Roger, *Les Thibault, op. cit.*, p. 698.

[32] Kraus Karl, *Les Derniers Jours de l'humanité,* traduction par Jean-Louis Besson et Henri Christophe, Paris, Agone, 2005, p. 151.

[33] Musil Robert, *L'homme sans qualité,* traduit par Philippe Jaccottet, Paris, éditions du Seuil, 1956. La première partie de ce roman inachevé a été publiée en 1930.

[34] Source: Étude de la fondation Hans Böckler, Berlin, 2015.

[35] La prescription et l'utilisation massive des opioïdes aux États-Unis, n'est pas sans conséquence sur les statistiques du chômage. Les effets de ces médicaments, en réalité de ces drogues, sont particulièrement nocifs. Les opioïdes sont devenus la première cause de mortalité dans ce pays, avec plus de 47600 victimes d'overdose en 2017 (voir le rapport du National Institute on Drug Abuses: *Opioid Overdose Crisis*, janvier 2019). Il est fort probable que, parmi ceux qui n'arrivent pas à trouver un emploi, de nombreuses personnes consomment ces produits et disparaissent ainsi des statistiques du chômage, soit par décès, soit du fait d'une dépendance invalidante.

[36] Il est à noter qu'en 2017, Donald Trump effectua sa première visite officielle, en tant que Président des États-Unis, en Arabie-

Saoudite, et aurait signé des lettres d'intention portant sur d'énormes achats d'armements d'une valeur de 110 milliards de dollars.

37 Voir le Communiqué de Presse de la Commission Européenne, Michel Barnier, Bruxelles, 6 juin 2012.

38 Les actifs concernés sont les obligations émises par les États de la zone euro et les grandes multinationales, ces dernières n'ayant par ailleurs aucun souci pour se refinancer. Les plus petites sociétés ne profitent pas de ce programme de la BCE. Cette politique ne leur permet donc pas de relancer leurs investissements. Voir : « Die EZB verdrängt private Investoren », *NZZ*, 19.07.2016.

39 La référence à ce sujet est le livre de Kjell G. Nyborg, intitulé*: Collateral Frameworks: The Open Secret of Central Banks*, Cambridge University Press, 2017.

40 Et ce d'autant plus, que de tels achats d'obligations ne requièrent pas la détention de capitaux propres supplémentaires. Comme si par exemple, le risque de défaut de la Grèce était nul.

41 ***Arbitrage financier*** : Il s'agit dans ce cas de réaliser un profit supposé certain sans mise de fonds initiale.

42 Source : *Buyback outlook darkens for US stocks*, Financial Times, 21.06.2017.

43 Voir l'article intitulé : « Bank of Japan's expansion of bond holdings to slow in 2018 », *Japantimes*, 12.18.2017.

44 La Banque Nationale Suisse n'est pas en reste, puisqu'elle aurait déjà investi en actions américaines pas moins de 62 milliards de dollars, dont 20 pendant les 6 premiers mois de 2016. Voir : « Die Schweiz schluckt einen satten Teil der US-Börse », *Die Welt*, Frank Stocker, 22.08.2016.

45 Voir : The Bank of Japan's Unstoppable Rise to Shareholder N° 1, Bloomberg, August 14, 2016.

46 Voir dans ce même chapitre, la section précédente intitulée : *Effets dévastateurs de la crise.*

47 Raymond Poincaré, *Au service de la France*, t. IV, Paris, Plon, 1927, p. 546.

48 L'administration bruxelloise dispose d'un budget de communication de 500 millions d'euros par an !

49 Déclaration du 28 octobre 1966 faite lors d'une conférence de presse au Palais de l'Élysée.

50 Reuters, 27 janvier 2015.

51 Voir l'article du *Monde Diplomatique* intitulé : « Grèce, le coup d'État silencieux » et daté de juin 2015 et dont l'auteur est Stelios Kouloglou.

52 *Ibid.*

53 Sur ce thème, voir : « Die Griechen haben nicht über ihre Verhältnisse gelebt », *Deutsche Wirtschafts Nachrichten*, publié le 07.08.2015.

54 Le cas des sous-marins est en particulier révélateur de certaines dérives, tant au sens propre que figuré. En 2000, un contrat a été signé pour l'achat par la Grèce de trois appareils allemands, suivi d'un autre en 2002 pour un quatrième. Le coût total de ce programme, appelé Archimède, incluant la rénovation des submersibles déjà possédés par la république Hellénique, était de 2,84 milliards d'euros. Le premier sous-marin fut livré à la Grèce en 2010, avec envrions 5 ans de retard, et ne put entrer en service à la date de sa livraison en raison d'un sérieux problème de tangage. En 2009, le gouvernement grec s'était déjà acquitté de 70% du montant total, mais a alors refusé de verser le solde. Il a diligenté en 2010 une enquête pour faire la lumière sur cette affaire. Ce fut aussi le cas en Allemagne. Les résultats ont montré que la signature de ce contrat avait été entachée de pots-de-vin de l'ordre de 55 millions d'euros. Le gouvernement grec alors en place n'a fait apparaître dans les comptes nationaux les montants versés pour la commande, qu'à une date tardive, afin de faciliter l'entrée du pays dans la zone euro. À l'heure où ce livre est écrit, ce litige n'a toujours pas été réglé et la Grèce a payé près de deux milliards d'euros au fournisseur allemand, sans avoir reçu un seul submersible véritablement opérationnel.

55 Voir l'article intitulé : « Grèce : retour sur six ans de politique européenne calamiteuse », publié par *Mediapart* le 11 février 2015 et dont l'auteur est Martine Orange.

56 *Ibid.*

57 Voir : « Greece : An Update of IMF Staff's Preliminary Public Debt Sustainability Analysis », *IMF Country Report* N° 15/186, 14 juillet 2015.

58 ***Swap de devises*** : Il s'agit de contrats financiers imposant aux parties impliquées d'échanger des montants de devises à un taux de change et à une date déterminés ainsi que de procéder ultérieu-

rement aux paiements correspondants d'intérêts et au remboursement final des montants en question. Dans le cas qui nous intéresse, cet échange de devise et l'utilisation d'un cours euro dollar fictif, a permis à la Grèce de réaliser un emprunt caché, dans le sens où il n'apparaissait pas dans la comptabilité nationale.

59 ***Produits dérivés***: contrats financiers dont la valeur dépend d'un actif sous-jacent. Par exemple, une option d'achat sur action permet à son détenteur d'acheter une action à un prix fixé à l'avance et pendant une période de temps prédéterminée.

60 Il s'agit des produits dérivés négociés de gré-à-gré, définis dans le chapitre 4. Cf. le rapport annuel 2015 de la Deutsche Bank.

61 Voir l'article intitulé : « La décision de la BNS en dix questions », écrit par Frédéric Lelièvre et publié par le journal *Le Temps*, le 7 septembre 2011.

62 Voir le rapport de la Banque des Réglements internationaux : « Triennial Central Bank Survey Global foreign exchange market turnover in 2013 » Février 2014.

63 Aux États-Unis, les 12 Banques Régionales de Réserve, dont celle de New York, appartiennent d'ailleurs à des banques privées.

64 Voir à ce sujet : Johnson Simon et Kwak James, 13 Bankers, *The Wall Street takeover and the next financial meltdown*, New York, Pantheon books, 2010.

65 Ce chapitre et le suivant s'inspirent en partie de mon article intitulé « Der Liberalismus und die Logik des Finanzsektors », *Neue Zürcher Zeitung*, 1er juillet 2013.

66 Voir à ce sujet l'ouvrage : *Notre première mondialisation. Leçons d'un échec oublié*, Suzanne Berger, Paris, République des Idées, Seuil, 2003.

67 *Ibid.*, version anglaise en ligne, p. 4.

68 ***Le scandale de Panama*** : Il s'agit d'un scandale lié à une affaire de corruption en France à la fin du 19e siècle. À cause de cela, une société française, créée en 1879 pour financer la construction du canal de Panama, fit faillite en 1889.

69 Voir la version anglaise de l'ouvrage précédemment cité, p. 65.

70 *Ibid.*, p. 51.

71 *Ibid.*, p. 63.

72 *Ibid.*, p. 39.

73 ***Stagflation*** :Situation économique où la stagnation économique, c'est-à-dire une croissance atone voire négative, s'accompagne d'une inflation.

74 Mises Ludwig von, « Le Libéralisme »*, Les essais : Cahiers trimestriels (Contributions* à *la nouvelle pensée économique)* traduit par Hervé de Quengo, Paris, Imprimerie du Delta, 1964, point II de l'introduction intitulé : *Le bien-être matériel.*

75 Mises Ludwig von, « Le Libéralisme », *op. cit.*, point 4 de l'introduction intitulé : *L'objectif du libéralisme.*

76 *Ibid.*

77 Hayek Friedrich August, *La Route de la servitude*, Paris, PUF, 2010, p. 83.

78 Smith Adam, *Recherche sur la nature et les causes de la richesse des nations*, Paris, Flammarion, 1991, pp. 42-43.

79 Piketty Thomas, *Le Capital au XXI*ᵉ *siècle*, Paris, éditions du Seuil, 2013.

80 En réalité, le véritable écart est plus important, puisque le Président de la République, logé au Palais de l'Élysée aux frais du contribuable, ne s'acquitte d'aucune des factures de la vie courante : loyer, alimentation, déplacements, y compris ses virées nocturnes en scooter...

81 « Executive Compensation : How CEOs Rank », *Wall Street Journal*, June 23, 2014

82 Cf. *Bessere Bildung statt hohe Boni*, Marc Chesney et Brigitte Maranghino-Singer, Tagesanzeiger, 30.12.2015.

83 Voir l'intervention de Joseph Cassano dans le film *Inside Job.*

84 En ce qui concerne la productivité moyenne du secteur financier par employé, celle-ci correspond en Suisse, à peine à la moitié de celle du secteur pharmaceutique. Voir : « Pharmafirmen schlagen Banken », Birgit Voigt, *NZZ am Sonntag*, 29.01.2017.

85 Voir : *The list. 2017 ranking*, Forbes 2018.

86 En Angleterre par exemple, une étude a montré que lorsque les PDG sont rémunérés de manière sensée, les actionnaires et l'entreprise s'en portent mieux. Voir : « CEO Compensation and Future Shareholder Returns : Evidence from London Stock Exchange », Nick Balafas et Chris Florackis, *Journal of Empirical Finance*, 2014.

87 Source : MGI Country Debt Database, McKinsey Global Institute Analysis.

[88] Source : « Es ist fünf vor zwölf in Afrika », Fabian Urech, *NZZ*, 20.02.2018.

[89] Friedman Milton, « The Limitations of Tax Limitation », *Policy Review*, 1978, p. 11 : « By concentrating on the wrong thing, the deficit, instead of the right thing, total government spending, fiscal conservatives have been the unwitting handmaidens of the big spenders. »

[90] Et ce d'autant plus que ces institutions financières couvrent le plus souvent ces opérations, ce qui leur permet d'encaisser les commissions sur ces produits au détriment de leurs clients, sans en supporter les risques.

[91] Keynes John Maynard, *Théorie générale de l'emploi, de l'intérêt et de la monnaie*, Éditions Payot, 1982, p. 171.

[92] Source : www.dealogic.com pour la France et « Le rôle des actions dans le financement des societes en Belgique », *Revue économique*, Banque Nationale de Belgique, septembre 2006, auteurs : V. Baugnet et G. Wuyts.

[93] Voir l'article intitulé : « Arrêtons la cotation en temps continu sur les marchés », publié par le journal *Le Monde* le 26 novembre 2012 et ayant pour auteurs : Marc Chesney, Denis Dupré et Olivier Taramasco.

[94] Lancé à l'ouverture du rendez-vous annuel des opérateurs de marché, le World Federation of Exchange (WFE) à Paris, lundi 11 octobre 2010, repris dans un article de Claire Gatinois dans *Le Monde* le même jour. « La Bourse est devenue un casino géant, selon les professionnels de la finance ».

[95] Voir à ce sujet le livre : *Flash Boys : A Wall Street Revolt* de Michael Lewis, publié par W. W. Norton & Company en mars 2014.

[96] *The Pity of War*, auteur : Niall Ferguson, Allen Lane/Penguin Press, 1998.

[97] Les ***transactions de gré à gré*** (en anglais OTC pour « *Over The Counter* »), ne sont pas effectuées sur des bourses ou marchés financiers organisés, mais sont directement traitées par l'acheteur et le vendeur.

[98] Les marchés organisés fonctionnent avec des chambres de compensation qui devraient limiter la transmission des chocs financiers, et ainsi jouer un rôle tampon.

[99] L'obtention des prix des produits dérivés est basée sur l'hypothèse irréaliste d'absence d'opportunité d'arbitrage. Or le

mode de fonctionnement quotidien des fonds spéculatifs et des grandes banques consiste précisément à profiter d'arbitrages ou à en créer.

100 Si les CDS ont trait à un pays, la législation européenne interdit en apparence ce type de pratique. En réalité, cette régulation est bien relative, puisque les acteurs les plus importants, c'est-à-dire, en particulier les grandes banques, en sont exemptés ! Ce qui revient à dire que la grande majorité des transactions n'est pas concernée par cette régulation !

101 De grands établissements financiers, dont Goldman Sachs, ont acheté à la société d'assurance AIG des CDS rendant possibles des paris à grande échelle sur un défaut de la banque Lehamn Brothers. La faillite de cette dernière, en septembre 2008, leur a permis de réaliser d'énormes profits aux dépens du contribuable américain qui a renfloué AIG, pratiquement en état de cessation de paiements. Un autre exemple a trait à la société Thomas Cook, dont la faillite en septembre 2019 a permis à des fonds spéculatifs, comme Sona Asset Management et XAIA Investment GmbH, de percevoir un montant d'environ 250 millions de dollars. Leurs achats de CDS, c'est-à-dire de paris sur un défaut de Thomas Cook, se sont ainsi révélés particulièrement rentables ! Certains de ces fonds ont même menacé de bloquer tout plan de sauvetage de Thomas Cook ! Les 21000 employés concernés risquent maintenant le chômage.

102 Voir : « Les contrats d'assurance vie qui se transforment en paris sur la mort », Marc Chesney, Christine Hirszowicz, Brigitte Maranghino-Singer, in *Der Schweizer Treuhänder*, Vol. 10, 2010.

103 Les ***produits structurés*** résultent le plus souvent de l'assemblage de plusieurs produits dérivés. Ils sont par nature complexes et difficilement compréhensibles pour le client d'une banque.

104 Au moins 10% de la fortune mondiale serait investie dans ce type de produit.

105 Voir le lien du collectif de lutte contre les abus bancaires (CLAB) : http://doublo.monde.free.fr/

106 Source : ESMA Report on Trends, Risks and Vulnerabilities N° 2, 2017. L'Europe est particulièrement active dans ce domaine.

107 Source : SSPA Media, 30.01.2018.

108 Liikanen Erki, *et al.*, *High-level Expert Group on reforming the structure of the EU banking sector*, Brussels, 2012.

[109] Source : *Real implications of quantitative easing in the euro area : a complex-network perspective*, Chiara Perillo and Stefano Battiston, Université de Zurich, 2018.

[110] Le taux de refinancement est le ***principal taux directeur*** d'une Banque Centrale. Il correspond au taux d'intérêt des crédits obtenus par les banques commerciales auprès de la Banque Centrale.

[111] Sources : UBS : Annual Report 2017, Zurich 2016, p. 5 et Credit Suisse Group AG : Annual Report 2017, Zurich 2016, Key metrics.

[112] Les ***engagements hors bilan*** d'une banque correspondent en principe à ceux qui, en cours d'exécution, n'ont pas encore généré l'ensemble des flux financiers correspondant. Il s'agit en particulier de la plupart des activités sur les produits dérivés. La définition précise de ces engagements dépend du cadre juridique et réglementaire considéré.

[113] Voir : Credit Suisse Group AG : Annual Report 2017, page 325, Zurich.

[114] Dans le cas de Lehman Brothers, peu de temps avant sa faillite en septembre 2008, la valeur nominale des produits dérivés représentait environ 50 fois le bilan et 1500 fois les capitaux propres ! Voir : *The Failure Resolution of Lehman Brothers*, p. 142, Federal Reserve Bank of New York, Michael J. Fleming et Asani Sarkar, décembre 2014, ainsi que : l'Annual Report 2007 de Lehman Brothers.

[115] Voir : UBS : Annual Report 2017, Zurich, p. 363.

[116] Voir respectivement : les Consolidated Financial Statements de BNP Paribas, 31.12.2017, pp. 6 et 52 ; ainsi que de la Société Générale pp. 1, 2 et 62, et l'Annual Financial Report de 2017 du Crédit Agricole, pp. 185 et 366.

[117] Cf. Annual Report, Deutsche Bank, 2017, Frankfurt, pp. 28 et 109.

[118] International Monetary Fund, *Global Financial Stability Report, Moving from Liquidity- to Growth-Driven Markets,* Avril 2014, Washington DC, p. 114.

[119] Cette création de valeur du secteur financier a diminué pour atteindre 32 milliards de francs en 2015. Voir : « Pharmafirmen schlagen Banken », Birgit Voigt, *NZZ am Sonntag*, 29.01.2017.

[120] ***Bad Bank*** : Il s'agit d'une « banque poubelle », pudiquement appelée « structure de défaisance », dont la tâche consiste à prendre en charge puis à liquider les actifs douteux de la banque

qui l'a créée. Si celle-ci est par malheur *too big to fail*, le contribuable se chargera le plus souvent de l'évacuation des déchets, puisqu'il la renflouera en dernière instance.

121 Le tribunal fédéral suisse a décidé fin octobre 2016 que ce privilège devait disparaître. Cf. « Unternehmen können Bussen steuerlich nicht absetzen », *NZZ*, 12.10.2016. Des exceptions seront cependant autorisées...

122 Voir l'article de la *NZZ am Sonntag* du 5 avril 2015 : «Bank BSI muss Busse von 211 Millionen innert sieben Tagen an die USA bezahlen ».

123 Vitali Stefania, Glattfelder James B., Battiston Stefano, *The Network of Global Corporate Control*, PLoS one, Vol. 6, N° 10, 2011.

124 Cf. *Iceland to sentence ninth banker found guilty of market manipulation that helped caused 2008 crash,* Independent, 7 octobre 2016, ainsi que : *« How big was the fall of the banks in an international context ? »*

Morgunblaðið (Iceland's oldest newspaper), Jared Bibler, 11 mars 2010 et enfin : When Kaupthing tried to move its CDS (in 2008) with a little help from a friend, sur le lien : http://uti.is/2015/12/when-kaupthing-tried-to-move-its-cds-in-2008-with-a-little-help-from-a-friend/ posté par Sigrún Davídsdóttir, le 8 décembre 2015. Selon ces sources, la banque Kaupthing, aurait d'une part manipulé ses cours boursiers en rachetant ses propres actions à grande échelle et de manière frauduleuse. Elle aurait d'autre part aussi tenté de manipuler le prix de ses CDS (définis plus haut dans ce chapitre) en s'arrangeant avec la Deutsche Bank pour que celle-ci en émette de gros volumes dans l'espoir de faire baisser leur prix.

125 Voir le rapport intitulé : « The Supervisory Capital Assessment Program : Design and Implementation », 24 avril 2009, p. 5.

126 Communiqué de presse de la Banque de France et de l'Autorité de contrôle prudentiel daté du 23 juillet 2010. Résultats du test de résistance européen : « Les banques françaises parmi les plus solides d'Europe ».

127 Voir : « Secteur bancaire : tout va très bien, madame la Marquise », *Le Monde* | 28.10.2014 | Par Jézabel Couppey-Soubeyran.

[128] Les créances sont ainsi « titrisées », c'est-à-dire qu'elles ont été transformées en titres financiers négociables sur les marchés. Voir dans ce chapitre, le second exemple de paris de la finance casino.

[129] Voir Rügemer Werner, *Rating-Agenturen, Einblicke in die Kapitalmacht der Gegenwart*, Bielefeld, Transcript Verlag, 2012, p. 93 et Credit Rater's Power Leads to Abuses, Some Borrowers Says, in Wahington Post 24.11.2004.

[130] *Ibid.*, livre précédent.

[131] Source : *Libor's Rise Matters for Trillions of Debt*, Liz McCormick, Bloomberg, 13.12.2017.

[132] Il s'agit de produits dérivés, définis dans le chapitre deux, mais associés à un taux d'intérêt et non pas par exemple à une action.

[133] Hosp Gerald, « Vom Referenzzinssatz zum Skandalwert », *NZZ*, 20.12.2012, p. 27.

[134] Schöchli Hansueli, « Hohe Hürden für Strafbehörden im Libor-Fall », *NZZ*, 24.01.2013, p. 9.

[135] Bräuer Sebastian und HUG Daniel, « UBS in Konflikt mit Aktionären », *NZZ am Sonntag*, 23.12.2012.

[136] *Ibid.*

[137] En 2018, la Deutsche Bank a dû, aux USA, verser un montant de 70 millions de dollars, et ce en raison de la manipulation entre 2007 et 2012, d'un autre taux : l'ISDAFIX, utilisé pour les produits dérivés.

[138] Voir « Negative-yielding debt sends investors scurrying into gold », *Financial Times*, 30.01.2020

[139] Voir : *Toxische Verschuldung*, Andreas Uhlig, *NZZ*, 31 octobre 2016.

[140] *Financial Times*, 19 novembre 2017 : « Banks prepare to settle with Brussels over forex cartel probe ».

[141] Voir : Chesney, Marc (2019) : Économie et finance : le monopole de la pensée dominante et ses dangers, dans : Bulletin de l'Académie suisse des sciences humaines et sociales 25/3.

[142] Une œuvre de référence sur le thème de la Grande Guerre et de la modernité de la fin du 19e siècle à 1914, est celle d'Emilio GENTILE, *L'apocalisse della modernità. La Grande Guerra per l'uomo nuovo*, Mondadori, Milan, 2008.

[143] Mann Heinrich, *Die Verräter, Sämtliche Erzählungen III*, S. Fischer, 1996, p. 516 : « Manche, wenn nicht die meisten, hatten irgendetwas gründlich satt » et « Der Krieg versprach eine Erfrischung ».

[144] Dostoïevski Fiodor, *Journal d'un Écrivain, 1875, 1876 et 1877*, traduit du russe par J.-W. Bienstock et John-Antoine Nau, Paris, Bibliothèque Charpentier, 1904, p. 431, traduction adaptée.

[145] Nietzsche Friedrich, *Ainsi parlait Zarathoustra, O.C.*, traduction par Henri Albert, Société du Mercure de France, 1903, vol. 9, p. 65.

[146] Nietzsche Friedrich, *Humain trop humain*, aphorisme 444, Paris, Folio Gallimard, 1988, pp. 266-267.

[147] Il s'agit du théâtre de la Comédie-Française.

[148] Cendrars Blaise, *La Main coupée* (1946), Paris, Gallimard, Folio, 2002, p. 378.

[149] Les vastes flots d'affaires et les immenses gains réalisés par IBM avec l'Allemagne nazie constituent en exemple extrême d'une stratégie centrée uniquement sur la maximisation des profits. Grace à cette collaboration, la machine d'extermination de ce régime devint particulièrement efficace (voir: *IBM et l'Holocauste*, Edwin Black, Robert Laffont, 2001). Sans boussole morale, la cupidité mène au pire.

[150] Benda Julien, *La Trahison des clercs*, Paris, Grasset, 1927.

[151] Appel des enseignants-chercheurs, *Renouveler la recherche et l'enseignement en finance, économie et gestion pour mieux servir le bien commun*, Genève-Fribourg-Zurich mars 2011, en ligne : http://www.responsiblefinance.ch/appel/

[152] En décembre 2004 Peter Nobel, descendant d'Alfred, a déclaré lors d'une entrevue : *« Jamais, dans la correspondance d'Alfred Nobel, on ne trouve la moindre mention concernant un prix en économie. La Banque royale de Suède a déposé son œuf dans le nid d'un autre oiseau, très respectable, et enfreint ainsi la "marque déposée" Nobel »*.

[153] Il s'agit du fonds : « Long-Term Capital Management », qui n'avait de long terme et de capital que le nom, puisqu'il s'agissait de paris à court terme sur la base d'un endettement record de ce fonds.

[154] Sigurgeirsdottir Silla, Wade Robert, « Quand le peuple islandais vote contre les banquiers », *Le Monde Diplomatique*, mai 2011, pp. 1, 18-19.

[155] Portes Richard, *The Internationalisation of Iceland's Financial Sector* (with Fridrik Mar Baldursson and Frosti Olafsson), Iceland Chamber of Commerce, November 2007, pp. V et 69.

[156] Hessel Stéphane, *Indignez-vous !*, Indigène Éditions, Montpellier, 2010.

[157] Voir : *L'économie financiarisée et ses faux-monnayeurs*, auteur Marc Chesney, in *La Littérature face à l'hégémonie de l'économique*, sous la direction de Ursula Bähler et Patrick Labarthe, *Versants*, 58, 2011, pp. 67-77.

[158] Tolstoï Léon, *La Sonate* à *Kreuzer,* traduction d'Ély Halpérine-Kaminsky, Paris, Flammarion, 1906, p. 157.

[159] Fejtö François, *Requiem pour un empire défunt,* Paris, Lieu Commun, 1988, p. 30.

[160] Au Japon, selon Kan Naoto, premier ministre à l'époque de la catastrophe atomique de Fukushima en mars 2011, s'il devenait impossible de maîtriser la situation et si tous les réacteurs de Fukushima fondaient, une évacuation dans un rayon d'au moins 250 kilomètres aurait été nécessaire. « Une telle zone inclut l'agglomération de Tokyo et abrite 40% de la population japonaise, soit cinquante millions de personnes. Une évacuation pour une période de plusieurs dizaines d'années remettrait en cause l'existence même du Japon en tant que nation » Une catastrophe majeure a finalement était contenue. Voir : « Le jour où le Japon a failli disparaître », *Le Monde Diplomatique*, août 2019.

[161] *Ibid.*, pp. 35 et 36 ou le numéro spécial du magazine satirique *Crapouillot* sur la grande guerre, daté de 1935.

[162] En France, le souverain élu tous les 5 ans dispose d'un palais, l'Elysée, doté d'un budget de 100 millions d'euros par an, et d'un effectif surdimensionné de près de 800 personnes à son service, incluant cuisiniers, chauffeurs, coiffeur attitré, spécialistes de la communication et cire-pompes en tous genres. Lorsqu'il se déplace en province, ce n'est pas moins de 1000 membres des forces de l'ordre qui le plus souvent sont mobilisés pour sa sécurité.

[163] Le livre suivant est une référence intéressante en ce qui concerne les capitaux propres des banques : Admati Anat et Hellwig Martin, *The Bankers' New Clothes*, USA, Princeton University Press, 2013.

[164] ***Accords de Bâle III*** : les accords dits de Bâle III, publiés par le comité de Bâle (hébergé par la Banque des Règlements

Internationaux) en décembre 2010 et révisés juin 2011, visent à réguler le système bancaire afin de stabiliser le système financier. Ces tentatives demeurent cependant bien timides et sous contrôle des lobbies financiers.

165 Voir: « LuxLeaks 2: le parlement européen prêt à enquêter, mais pas trop », Ludovic Lamant et Dan Israel, *Mediapart* le 10 décembre 2014.

166 De même, le néerlandais Jeroen Dijsselbloem, ex-président de l'Eurogroupe, est le ministre des finances d'un pays qui permet, grâce à sa législation fiscale laxiste, à une société minière, comme la canadienne Eldorado de contourner le fisc d'un pays dans lequel elle est implantée : la Grèce. Le manque à gagner serait d'au moins 1,7 million d'euros pour la Grèce. Voir: « Comment la Grèce voit ses impôts s'évaporer via l'Europe », Dan Israel, *Mediapart*, 31.03.2014.

167 Voir « Juncker refuse de rendre publiques les données sur les sociétés-écrans », Dan Israel, *Mediapart*, le 12 décembre 2014.

168 Voir l'article intitulé : « Optimisation fiscale : EDF indirectement mis en garde par le gouvernement », *Le Monde.fr*, 10.09.2014.

169 En 1913 il ne s'agissait que de 400 pages. Cette complexité génère des coûts énormes pour les contribuables américains. 6,1 milliards d'heures sont ainsi passées à essayer de comprendre les passages pertinents de ce code et à remplir la déclaration fiscale, ce qui correspond à un coût total d'environ 234 milliards de dollars. Cf. *Federal Tax Laws and Regulations are Now Over 10 Million Words Long*, Scott Greenberg, 8 octobre 2015, Tax Foundation.

170 À ma connaissance, cette idée a initialement été introduite dans les années 1970 par René Montgranier, qui la présentait comme « l'œuf de Colomb ». Voir son livre intitulé: *La Clé de la crise,* Éditions économiques financières et sociales, 1985, p. 108-120, ainsi que l'article: « Pour une taxe sur tous les mouvements de fonds », *Multitudes* 3/2011. Dans les années 1990, le professeur Edgar Feige, de l'Université du Wisconsin, puis ultérieurement Simon Thorpe, directeur de recherche au CNRS à Toulouse, ainsi que Bernard Dupont à Genève, ont développé une idée semblable. Felix Bolliger, dans son article « Reinvent the System – Microsteuer auf Gesamtzahlungsverkehr », Felix Bolliger Aktiengesellschaft, Zurich, 2013 a aussi travaillé sur ce concept.

[171] Voir l'annexe 2 du bulletin mensuel de statistiques économiques de la Banque Nationale Suisse, (BNS) d'avril 2013 « Trafic des paiements dans le Swiss Interbank Clearing SIC », cité par BOLLIGER Felix. La méthode de calcul de la BNS a été modifiée entre janvier et avril 2013, et le trafic des paiements pour 2012 est ainsi passé d'environ 95 000 milliards de francs à approximativement 30 000 milliards (il a été de 43 000 milliards en 2017). Les transferts entre les comptes courants des Banques à la BNS et leurs comptes d'opérations dans le système SIC sont dorénavant exclus des données. Malgré cette réduction statistique, les transferts financiers demeurent extrêmement élevés, puisque le système SIC ne répertorie qu'une partie des transactions. Il faut ainsi tenir compte de celles qui, sur les marchés de change, concernent le franc, ce qui rajoute un montant de l'ordre de 30 000 milliards de francs par an, traité le plus souvent sur la plateforme EBS. Il faudrait aussi tenir compte des transactions effectuées à l'intérieur de chacun des établissements financiers, des opérations sur produits dérivés et vérifier que les transactions à haute fréquence aient bien été considérées… L'estimation à 100 000 milliards de francs pour le total des transactions apparaît donc bien prudente.

[172] Voir : « Taxer le travail est contre-productif », Marat Shargorodsky, interview de Marc Chesney, *Bilan*, 24.04.2019.

[173] Cf. *Un économiste veut remplacer tous les impôts par une seule taxe*, Julien Marion, BFM, 30.10.2016.

[174] Voir à ce sujet les declarations de Gerry Rice, porte-parole du FMI à Washington, le 31 janvier 2013. Selon lui, « le secteur financier est sous-taxé et doit payer une part équitable afin d'atténuer le coût de la crise actuelle… ».

[175] Il s'agit du droit de timbre.

[176] Les transactions intra-journalières sont concernées, mais pas celles effectuées à hautes fréquences.

[177] C'est-à-dire un quart du PIB français qui en 2015 représentait 2181 milliards d'euros.

[178] *La Capture*, La Découverte, 2014.

[179] Voir l'article : « Taxe Tobin : les banques font leur marché chez les hauts fonctionnaires », Ludovic Lamant, *Mediapart*, 9 décembre 2014.

[180] Voir à ce sujet les publications du Comité pour l'Annulation de la Dette du Tiers Monde (CADTM).

[181] *Même s'il ne s'agissait que d'un Mark allemand*, publié par les éditions Livanis à Athènes en 2012.

[182] La communauté juive de Salonique a été presque totalement exterminée par les nazis : environ 54 000 personnes sur un total de 56 000 ont ainsi été tuées.

Remerciements

L'auteur sait gré à l'Université de Zurich de la liberté académique dont il dispose. Par ailleurs, il tient à remercier tout particulièrement ses amis, tant ses collègues Paul Dembinski et Jean-Charles Rochet, qu'Alexandre Shargorodsky pour leurs commentaires éclairés et pour leurs judicieuses remarques dont a bénéficié le présent ouvrage. Il exprime aussi sa reconnaissance à Sylvain Collette des Presses polytechniques et universitaires romandes, pour les échanges fructueux qu'il a eus avec lui à différents moments de la réalisation de ce livre. Il ne saurait oublier sa collègue Michèle Crogiez qui a pris le temps de lire minutieusement ce manuscrit et de le réviser juste avant sa publication.

Enfin, sa plus profonde reconnaissance s'adresse à ses parents. Leur personnalité, leur courage et leur culture ont guidé sa plume. C'est du fond du cœur qu'il dédie ce livre à leur mémoire.

Imprimé en France par CPI
en septembre 2020

Dépôt légal : septembre 2020
N° d'impression : 159310